저자는 활기차면서도 명쾌한 이 얇은 책에서 하나님을 이렇게 소개한다. 곧 하나님은 그의 백성으로 하여금 선교하는 백성이 되게 하려는 목적을 가진 분이라는 것이다. 그는 이런 확신 아래 사도행전을 가르친다. 하나님 백성은 예수 그리스도의 지도하심과 성령의 능력 아래 이웃과 사회가 복음을 통해 선교로 나아갈 수 있도록 도와야 한다는 부르심을 받았다. 이 책을 적극 추천한다.

– 브루스 애쉬포드, *Every Square Inch, One Nation Under God* 저자

이 책은 평신도에서 성경학자에 이르기까지, 모든 이들에게 사도행전에 대한 새로운 시각을 제시한다.

– 리스 앤더슨, 워싱턴 D. C. 복음주의협회 대표

저자는 사도행전이 성경 안에서 갖는 독특한 역할을 훌륭하게 보여 준다. 또한 저자는 이 책을 통해 성경 메시지에 새롭게 귀 기울이도록 도와준다. 우리를 지루한 성경 읽기에서 구원해 준다. 과거에는 사도행전이 많은 교회에서 진부한 서사로 여겨졌지만, 이 책은 고대와 현대의 맥락 안에서 사도행전에 생명을 불어넣는다. 이 책은 독자들로 하여금 누가가 진술한 목적과 의도를 문자적, 문학적으로 주시하게 도와준다.

– 드루 존슨, 킹스 칼리지 성경학·신학 교수

함께 세상으로: 사도행전

Together for the World: The Book of Acts

함께 세상으로 : 사도행전

Together for the World: The Book of Acts

마이클 와겐맨 지음
이여진 옮김

초판 1쇄 인쇄 2019년 2월 1일
초판 1쇄 발행 2019년 2월 15일

발행처 도서출판 이레서원
발행인 문영이
출판신고 2005년 9월 13일 제2015-000099호

편집장 이혜성
편집 송혜숙, 오수현
영업 김정태
총무 곽현자

경기도 고양시 일산동구 중앙로 1160 오원플라자 801호
Tel. 02)402-3238, 406-3273 / Fax. 02)401-3387
E-mail: Jireh@changjisa.com
Website: Jireh.kr / Facebook: facebook.com/jirehpub

책값은 표지에 있습니다.

ISBN 978-89-7435-512-8 04230
ISBN 978-89-7435-500-5 04230 (세트)

이 도서의 국립중앙도서관 출판예정도서목록(CIP)은 서지정보유통지원시스템 홈페이지(http://seoji.nl.go.kr)와 국가자료공동목록시스템(http://www.nl.go.kr/kolisnet)에서 이용하실 수 있습니다. (CIP 제어번호: CIP2018042151)

08 일상을 변화시키는 말씀

함께 세상으로

: 사도행전

Together for the World
The Book of Acts

마이클 와겐맨 지음
이여진 옮김

이레서원

“우리가 하나님의 나라에 들어가려면
많은 환난을 겪어야 할 것이라”
(행 14:22)

목차

1장

서론

피터르얀 헤이스(Pieterjan Gijs)가 제작한 공공 예술품이 벨기에 브뤼셀 외곽 80킬로미터 지점에 설치되어 있다. 이 작품은 멀리서 보면 아담한 시골 언덕 꼭대기에 지어 놓은 작은 교회로 보이지만, 사실은 녹슨 강철 빔을 줄지어 만든 것이다. 즉 일종의 착시 현상이다. 우리가 서 있는 곳에 따라서 교회가 보이기도 하고 자취를 감추기도 한다. 어느 각도에서는 교회 건물이 거의 안 보이지만 다른 각도에서는 다시 나타난다. 또 이 구조물 안에 서 있으면, 바깥이 완전히 안 보이기도 하고, 탁 트여 보이기도 한다.

사진 1 ⓒ 필립 뒤자르댕(Filip DuJardin)

사진 2 ⓒ 필립 뒤자르댕(Filip DuJardin)

사진 3 ⓒ 필립 뒤자르댕(Filip DuJardin)

어느 각도에서는 이 작품 뒤쪽에 자리한 근처 도시도 보이는데, 그 도시 중심에는 오래된 교회가 하나 있다. 지역 사회 중심에 있는 교회와 지역 사회와는 물리적으로 단절되어 거의 보이는 않는 교회, 이 둘 중 어느 것이 오늘날 교회의 위치를 대변하는가? 오늘날 교회는 지역 중심에 자리 잡고 있는 불빛이자 판단과 평가의 기준이 되고 있는가? 아니면 보이지 않으며 주변적이고 사회생활의 중심과 단절되어 있는가?

사진 4 © 필립 뒤자르댕(Filip DuJardin)

이 작품은 오늘날 교회가 직면한 심각한 문제를 시각적으로 묘사한다. 21세기에 예수 그리스도의 교회가 서 있는 곳은 어디인가? 지금처럼 종교적으로 다양한 사회에서 교회가 맡은 역할은 무엇인가? 교회는 다른 국가 기관, 특히 정부와 어떤 관계를 맺어야 하는가? 그리스도인들은 조롱과 모욕, 거부와 박해에 어떻게 대응해야 하는가? 교회는 사회의 주축이던 예전 위치를 되찾으려고 해야 하는가? 아니면 중심에서 밀려났음을 받아들여야 하는가?

1세기 교회도 이와 동일한 의문을 제기했다. 성경의 배경이 되는 시대가 아주 아득한 옛날이라고 흔히들 생각하지만, 사도행전을 읽어 보면, 교회가 직면한 쟁점과 의문 대부분이 교회가 시작된 이래로 변함이 없었다는 것을 상기하게 된다.

하나님은 여러분과 오늘날 교회의 삶을 변화시키는 데 사도행전을 사용하실 수 있다. 사도행전은 단순히 역사상에 존재하던 하나님의 역동적인 백성에 대한 이야기가 아니다. 하나님은 지금도 사람들을 그분의 증인이 되도록 변화시키기 위해 사도행전을 수단으로 사용하신다. 사도행전은 성령과 사도들에 의해 복음이 전파된 이야기를 들려줄 뿐만 아니라, 교회가 복음을 선포하고 세상을 지향하며 세상의 치유와 구원을 위해 일하는 것도 보여 준다.

> 사도행전은 하나님이 사람들을 그분의 증인이 되도록 변화시키기 위해 지금도 계속해서 사용하시는 수단이다.

개관

나는 함께하고 싶은 새로운 교회 공동체를 방문할 때면 그 공동체의 역사에 대해 물어본다. 그러면 그 교회는 흔히 성도들의 특별한 삶을 공개하면서 중요 인물과 날짜, 사건들을 비롯해 일종의 이야기로 대답한다. 보통은 연대순으로 이야기를 들려주지만, 일부러 그 교회 공동체의 현재 정체성을 감안하여 신경 써서 들려주기도 한다. 이런 말인 셈이다. "우리 이야기가 세상에서 우리의 정체성과 자리를 만듭니다."

사도행전을 읽어 보면, 이 책이 말하는 특별한 이야기가 이내 분명해진다. 신약 성경 안에서 사도행전은 복음서와 서신서를 연결하는 경첩 기능을 한다.[1] 사도들은 성령의 이끄심에 따라 하나님 나라의 복음을 1세기 세상에 알렸는데, 사도행전은 예수 그리스도의 사역이 사도들에게로 옮겨 간 경위를 이야기로 들려준다.

사도행전은 예루살렘을 배경으로 예수 그리스도와 제자들의 이야기로 시작한다. 제자들은 성령을 받고 사도가 되었다. 예수께서는 이들에게 그의 이름으로 구원의 메시지를 선포하라고 부탁하셨다. 복음은 예루살렘을 시작으로 하여 베드로의 지도 아래 성전 근처에서 선포되었고, 그 이후에는 나머지 지역으로 전진해 나갔다. 처음에는 사람들이 복음의 메시지를 잘 받아들이는 것 같아 보였지만, 상황은 곧 나빠졌다.

스데반의 순교 이후(행 7:54-60), 베드로를 중심으로 하던 사도행전 이야기는 유대교에서 유명한 바리새인이던 사울에게로 옮겨 간다. 당시 사울은 독실한 열정으로 예수파를 예루살렘에서 척결하고자 단단히 결심한 자였다. 그런데 사울은 이 임무를 수행하러 떠난 길에서 부활하신 그리스도를 극적으로 만난다. 사울은 이름만 바울로 변한 것이 아니라 삶 전체가 영원히 바뀐다(행

1 이 견해에 대해 더 알고 싶으면 F. F. Bruce, *The Book of the Acts,* in the New International Commentary on the New Testament (Grand Rapids: Eerdmans, 1988), 3-5 참조. 『NICNT 사도행전』 (부흥과개혁사, 2017).

9:1-18).

그 후 사도행전 이야기는 다시 예루살렘에 있는 베드로에게로 이동했다가 바울과 더 넓은 로마 제국으로 이동한다. 사도행전의 나머지 3분의 2는 바울이 지중해 세계를 누비면서 유대교 회당과 이방인 장터에서 복음을 전한 선교 여행을 자세히 들려준다. 바울은 예수 그리스도의 구원 메시지에 대한 반대와 수용을 모두 만난다. 바울은 그가 전한 복음을 믿음으로 받아들인 지역에 소규모 가정 교회를 시작한다. 이들은 보통 기적적 치유, 죽었다가 살아남, 외국어를 말함과 같은 놀라운 방식으로 복음을 받아들였다. 바울의 여행이 끝날 무렵에는 이 가정 교회들이 지중해 주위로 연결망을 이루며 통합된다.

사도행전은 로마 당국이 바울을 예루살렘에서 체포하여 로마로 보낸 여정으로 끝이 난다(행 21:27-28:31). 바울은 예수 그리스도의 경우처럼 유대 종교 지도자들의 도움을 받아 체포된다. 로마 당국은 바울을 가택 연금 상태에 두지만, 바울은 재판을 기다리면서 아무 방해 없이 계속 복음을 전한다(행 28:16-31).

앞에서 언급했듯이 사도행전은 이어지는 서신서를 복음서와 연결한다. 특히 사도행전은 누가복음과 깊은 관계가 있다. 우리는 사도행전 서두에 있는 "내가 먼저 쓴 글에는"(In my first book) 이라는 표현에서 이 사실을 알 수 있다. 이와 유사하게 기록된 다른 고대 문서도 있다. 예를 들어, 고대 유대 역사학자 요세푸스는 『아피온 반박문』(*Against Apion*)이라는 두 권짜리 책을 썼는데, 그 책의 제2권도 "앞서 내가 쓴 책에는"(In my first book)으로 시작한다. 사실 사도행전은 훨씬 범위가 넓은 이야기에 연결된 것이며, 누가가 누가복음으로 시작해 두 번째로 저술한 책이 바로 사도행전인 것이다(저자 문제는 추후 더 자세히 논할 것이다).

누가복음은 예수 그리스도의 사역 이야기를 들려준다. 저자는 누가복음이 중단했던 곳에서 다시 이야기를 시작한다. 즉 예수 그리스도의 승천과 성령 강림으로 사도행전을 시작한다. 누가복음은 예수께서 하기 **시작**하신 일과 관련이 있다. 반면 사도행전은 예수께서 그분의 영과 교회를 통해 **계속**해서 하시는 일과 관련이 있다. 이것이 사도행전의 큰 그림이다. 그래서 사도행전을 예수 그리스도의 사역이라는 맥락 안에서 읽는 것이 중요하다. 구약에 나오는 하나님의 약속이 이 사역을 통해 성취되었기 때문이다.

개요

현대 성경 독자들은 고대의 다른 저자들과 마찬가지로 성경 저자들도 장절을 나누어 글을 쓰지 않았다는 것을 자주 잊어버린다(혹은 인지하지 못한다). 사실은 단어를 다 붙여 놓은 사본이 많다. 그래서 단어, 문장, 문단, 절, 장을 나누는 과정은 (제목이나 부제, 각

주를 넣는 것은 물론이고) 일종의 해석 과정이다.

성경의 책들에 대한 개요 작성 과정과 관련해서도 마찬가지다. 해당 본문의 개요를 나누고 정리하는 방식은 전적으로 그 책을 누가 누구에게 썼으며, 가장 중요하게는 왜 썼는지에 대한 해석자의 관점에 따라 결정된다.

사도행전은 이야기에서 강조하는 장소나 주요 인물, 설교를 바탕으로 개요를 작성할 수도 있지만, 본문에 나오는 단서를 따라 작성한 개요가 가장 도움이 될 것이다. 첫 번째 단서는 사도행전 1장 8절에 나오는데, 제자들에게 "예루살렘과 온 유대와 사마리아와 땅끝까지 이르러" 그분의 증인이 될 것을 예수께서 말씀하셨다는 기록이다. 이후로 사도행전은 이런 지리 · 문화적 노선을 따라 정확하게 전개된다. 예루살렘에서 로마에 이르는 초대 교회의 지리적 확장은 사도행전의 구성과 목적을 인지하는 데 중요한 해석상의 열쇠다.

두 번째 단서는 예수께서 선교사로 부르시고, 복음 확장이라는 횃불을 건네주신 핵심 제자들에게서 찾아볼 수 있다. 사도행전 2-12장에는 스데반과 빌립도 나오지만, 주된 관심은 여전히 베드로에게 있다. 마찬가지로 13-28장에 바나바, 실라, 디모데 등 여러 인물이 나오지만, 주된 관심은 바울에게 머물러 있다. 베드로에게서 바울로 시선이 옮겨 가면서 복음도 예루살렘보다 훨씬 바깥으로, 유대인이 이방으로 여기던 세계로 옮겨 간다.

세 번째 단서는 사도행전 전체에 나오는 종교와 정치 당국의 역할이다. 맨 처음부터 교회는 한편으로는 예루살렘 성전을 둘러싼 종교적 박해와 다른 한편으로는 로마 식민지에 만연한 경쟁적인 정치적 충성심 사이를 뚫고 나가야 했다. 누가는 예수께서 교회를 세우실 것이며, 아무도 그분을 막을 수 없다는 분명한 사실을 짚어 주고자 상당히 애를 쓴다(마 16:18 참조).

신학의 중심

기독교 신앙은 예수 그리스도가 위임해 주신 지도력과 능력 주시는 성령의 임재 아래에서 하나님 나라를 확장해 가는 것으로 본질상 선교적이다. 여기에 사도행전 신학의 중심을 이해하는 열쇠가 있다. 사도행전은 하나님을 모든 피조물을 구원하려고 작정하신, 선교적 하나님으로 계시한다. 예수께서는 이 일을 이루기 위해 이 땅에 오셔서 죽으셨고, 다시 살아나셔서 하나님 나라를 시작하셨다. 사도들은, 성령의 인도하심 안에서, 복음을 가지고 예루살렘에서 땅끝까지 나아가도록 파송된다. 이 복음은 우리가 예수님 안에서 죄 용서와 새 생명을 받을 수 있다는 선언이다. 그러므로 교회는 세상에서 처음 실현된 하나님 나라다.[2]

2 이러한 신학적 주장은 마태복음 5-7장, 에베소서 3장, 골로새서 1장과 같은

그리스도인들은 예수 그리스도의 대사가 되도록 부르심을 받았다(고후 5:20; 엡 6:20). 또한 복음으로 소금과 빛이 되라는 부르심을 받았다(마 5:13-16). 교회는 하나님이 과거에 하신 일, 지금 하시는 일, 장차 하실 일에 대한 증인이다.

사도행전은 단순히 오래전 교회의 기원에 대한 역사 수업이 아니다. 오히려 사도행전은 삼위일체 하나님의 본질, 하나님께 반역하던 것들을 새롭게 하는 복음의 능력, 세상 안에 있으면서 세상을 변화시켜야 할 교회의 소명과 임무를 밝히는 데 먼저 주력한다. 다음으로 그 이야기를 인간 편에서 들려준다. 그러므로 오늘날 사도행전 읽기를 통해 인간과 교회는 하나님의 역동적인 백성으로 완전히 바뀔 수 있다. 그 결과 세상을 하나님 나라로 변화시킬 수 있다.

사도행전 개요

1-12장 베드로, 예루살렘과 유대에서 시작된 교회

1:1-9:31	예루살렘, 유대, 갈릴리, 사마리아
9:32-12:25	베니게, 구브로, 안디옥

13-28장 바울, 여러 민족으로 확장된 교회

13:1-15:35	브루기아, 갈라디아
15:36-21:16	마게도냐
21:17-28:31	로마

다양한 본문의 전반적 메시지를 근거로 한다.

읽어 볼 글들

- 누가가 자신의 두 권짜리 저술을 소개하는 누가복음 1:1-4
- 바울의 동료로서 누가를 소개하는 골로새서 4:14, 빌레몬서 24절, 디모데후서 4:11
- 성령의 약속에 대해 더 알고 싶으면 요엘 2:28-29

생각해 볼 질문

01 사도행전에 대해 여러분이 이미 알고 있는 것은 무엇인가? 여러분은 무엇을 전제로 해서 사도행전을 읽는가?

02 여러분은 '교회'라는 단어를 들으면 무슨 생각이 떠오르는가? 교회와 관련해 여러분은 어떤 경험을 했는가?

03 사도행전이 복음을 선포하는 형식으로 쓰였다면, 그 사실이 사도행전을 해석하는 방식에 어떤 영향을 미치는가? 또한 우리는 오늘날 복음을 어떤 방식으로 선포해야 하는가? 우리는 어떤 자세로 사도행전을 읽고 가르쳐야 하는가?

2장

사도행전의 배경

여러분은 신문 1면 기사를 읽을 때 정치 풍자만화와는 다르게, 광고와는 한층 더 다르게 읽어야 한다는 사실을 어떻게 알았는가? 문학 양식이 다르면 그 양식에 맞게 읽어야 한다고 이미 배웠기 때문이다. 시나 추리소설, 지하철 광고를 읽을 때도 마찬가지다. 이런 문학 양식의 차이를 구분하지 않으면 자기가 읽고 있는 것을 정확하게 이해하지 못할 가능성이 있다. 이번 장에서는 여러분이 사도행전을 잘 이해할 수 있도록 장르, 저자, 날짜, 청중, 목적과 같은 중요한 배경 요소를 다룰 것이다.

문학적 특성

사도행전 전체 28장 안에는 다양한 문학 양식이 존재한다. 설교와 연설이 있다. 수많은 종교 및 정치 당국자들이 등장한다. 우리는 주요 사도들의 삶과 이들로 말미암은 초대 교회의 발전에 대해 많이 배운다. 유대인과 로마인, 그 밖의 사람들에게 예수 그리스도에 대한 좋은 소식을 정황에 맞게 다양하게 제시하는 것을 듣는다. 바울이 경험한 여러 선교 여행을 통해 지중해 여행기를 상세히 제공받는다. 또한 사도행전에는 1세기의 일반 역사와 문화도 나온다. 사도행전은 복음서와 서신서의 중간에 있으면서, 신약의 전환점에 자리 잡고 있다.

쿠바 출신 복음주의 신학자 후스토 곤잘레스(Justo González)는 사도행전을 "신약 성경 전체에서 특별한 책이다."라고 말했다.[3] 사도행전은 복음서 및 서신서와도 유사하다. 그러나 사도행전이 더 특별한 이유는 목격한 것을 해석한 역사서이기 때문이다(누가가 자신의 글에서 이와 관련해 언급한 내용은 누가복음 1:1-4 참조). 그러므로 사도행전이 역사적 사건에 대한 목격자 진술을 이야기한다는 점에서는 복음서와 비슷하지만, 복음서 저자 중 예수 그리스도의 지상 사역 이후에 일어난 이야기를 두 번째 책으로 이어 간 저자는 누가밖에 없다. 바로 이 부분에서 누가의 저술(누가복음과 사도행전)은 진행 중이다. 목격한 역사를 특별히 해석하여 예수 그리

---

3 Justo González, *Acts: The Gospel of the Spirit* (Maryknoll, NY: Orbis Books, 2001), 1.

스도의 이야기를 초대 교회에까지 이어 가는 것이다.

사도행전이 목격한 것을 해석한 역사를 제공한다는 증거는 많다. 첫째, 사도행전은 의미 있는 특정 지점에서 의도적으로 시작하고 끝이 난다. 즉 사도행전은 유대교의 종교 중심지인 예루살렘에서 시작해 이방 세계의 정치 중심지인 로마에서 끝이 난다. 예수 그리스도로 시작해 이방인을 향해 복음 전도 사역을 한 사도 바울에게서 끝이 난다. 성전이 있는 유대인의 종교 생활 중심지에서 로마 제국의 수도가 있는 이방인의 정치 생활 중심지로 이동한다. 누가는 예수 그리스도의 복음이 세상을 향해 나아간 것을 강조하기 위해 이렇게 의도적으로 정한 것이다.

둘째, 사도행전은 특정 사람과 장소, 시간을 주도면밀하게 기록한다. 누가는 특히 중요한 로마인들이 지닌 권위 있는 직함이나 직위를 (혹은 그러한 직함이나 지위가 없음을) 꼼꼼하게 넣는다. 누가가 이렇게 한 이유는 누가의 메시지를 이해하는 데 중요하다. 우리가 사도행전에서 접하는 사람과 장소는 단순히 역사상 정확성을 기하기 위한 것이 아니다. 누가는 사도행전의 요점을 상세히 제시하기 위해 이들을 언급한다. 누가는 이처럼 역사적 권위를 사용하여 우리에게 바라는 것이 있었다. 바로 교회가 유대교의 민족적, 종교적 경계 표지를 넘어 세상에 모습을 드러냈음을 우리가 깨닫는 것이다.

셋째, 바울의 회심은 **서로 다른 시기에** 세 번 기록된다(행 9, 22, 26장). 누가가 역사를 단순히 시간 순서에 따라 기록하고 있다면, 같은 사건을 여러 번 반복하는 것이 이해되지 않을 것이다. 그러면 누가는 왜 그렇게 하는가? 그는 특정 사건을 특별한 목적에 따라 **해석하고 있기** 때문이다. 그리고 바울의 회심과 같이 특별히 강조하고 싶은 사건을 여러 번 언급하는데, 그것은 그 사건이 누가가 하는 이야기에서 중요하다는 표시다. 사도 바울의 회심은 이방인들을 향한 복음 전파를 이해하는 열쇠다.

넷째, 바울 서신이 지중해 주변 초대 교회들이 교회 안의 다양성을 해결하려고 애쓰는 것을 보여 주는 반면(고전 1:10-17), 사도행전은 교회들이 넓은 지역에 흩어져 있기는 했지만 그 교회들이 서로 일치됨을 시종일관 강조한다. 누가나 바울(또는 두 사람 모두)이 상황을 특정 견지에서 보는 이유는 특별한 목적이 있기 때문이다. 다시 말해, **단순히** 역사를 기록하는 것 이상의 일이 일어나고 있다는 것이다. 사도행전은 수사적 목적을 지닌 역사다. 사도행전은 독자를 향해, 독자를 위해 무엇인가를 하려고 한다. 누가는 교회에 다양성이 존재하기는 하지만 그 교회들이 예수 그리스도에 대한 신앙 고백을 중심으로 하나가 되었다는 신호를 우리가 파악하기를 원한다.

다섯째, 사도행전의 3분의 1은 설교와 연설, 선포로 이루어져 있다. 무엇을 **말했는지**가 왜 그렇게 중요한가? 이미 한 연설을 재차 말함으로써 역사를 들려주는 역사책이 과연 얼마나 있을까? 누가가 그렇게 하는 이유는 분명 있다. 사도행전에 나타난 선포는 초대 교회 역사에서 독특한 기능을 한다. 바울이 장차 로마에 편지를 쓰겠지만, "그러므로 믿음은 들음에서 나며 들음은 그리스도의 말씀으로 말미암"는다(롬 10:17). 누가에게는 말로 하는 선포가 중요했기 때문에 누가는 많은 지면을 할애하여, **말해진** 것을 이야기한다.

이런 이유로 사도행전이 단순한 역사일 뿐만 아니라 **목격한 것을 해석한** 역사라는 것도 잊지 않는 것이 중요하다. 사도행전은 특별한 인간 저자가, 특별한 청중에게, 특별한 이유로, 특별한 메시지를 전하기 위해 썼다. 이 점에 세심하게 신경을 써야 하는데, 이는 누가가 성령의 영감으로 공들여 쓴 이 메시지를 이해하는 데 중요하기 때문이다.

저자

엄밀히 말하면 사도행전 어느 부분에서도 저자가 확인되지 않는다. 그러면 왜 대다수의 저자와 학자들이 누가를 저자로 여기는가? 우리는 누가에 대해 무엇을 알고 있는가?

우리는 사도행전에 나오는 대명사의 변화를 통해 누가복음은 물론이고 사도행전도 누가가 썼다고 결론을 내릴 수 있다. 저자가 자기를 가리켜 '내가'라고 쓴 첫 부분과 다시 '나' 혹은 '우리'와 같은 1인칭을 쓴 세 단락(행 16:10-17; 20:5-21:18; 27:1-28:16)을 제외하면 전체적으로 3인칭으로 쓰였다.

사도행전에 나오는 대명사 변화

"데오빌로여 내가 먼저 쓴 글에는…" (행 1:1)	"그들이 모였을 때에 예수께 여쭈어 이르되…" (행 1:6)	"바울이 그 환상을 보았을 때 우리가 곧 마게도냐로 떠나기를 힘쓰니…" (행 16:10)	"[그들을] 많이 친 후에…" (행 16:23)

여기에 나오는 1인칭 단락을 그에 대응하는 바울 서신과 나란히 놓으면 누가가 양쪽에서 "사랑을 받는 의사"(골 4:14)로 나온다는 것을 곧바로 알게 될 것이다(딤후 4:11; 몬 24절 참조). 사도행전의 이 단락을 1인칭 관점으로 썼을 가능성이 가장 높은 사람은 바울의 선교 여행에서 신실한 동료였던 누가다. 그래서 초대 교회 이후로 누가를 전통적으로 사도행전의 저자로 여겼다.

그러나 우리는 약간의 지식에서 비롯된 추측 몇 가지를 제외하고는 누가에 대해 아는 바가 별로 없다. 누가가 유대식 이름이 아니므로 그는 아마도 이방인이었을 것이다. 로마 도시와 관리 및 통치자에 대한 상세한 지식을 활용하는 것으로 보아도 아마 누가는 로마인이었을 것이다. 누가가 구사하는 헬라어는 다소 학문적인데, 그만큼 교육을 받지 못한 신약의 다른 저자들보다 수준이 월등하다. 누가는 이방인이자 로마인이었지만 구약에 대한 폭넓은 지식을 보여 준다. 이는 앞으로도 살펴보겠지만 특히 구약의 메시아 예언의 성취가 예수 그리스도의 강림을 준비한다는 식으로 보여 준다. 이 정도로 구약에 익숙하다는 것은 누가가 하나님을 경외하는 자(이스라엘의 하나님을 예배하는 데 마음이 끌렸으나 할례를 받지 않은 이방인)였거나 유대교로 개종한 자(할례 받은 이방인)였다는 의미다.

마지막으로 누가가 1세기의 의사였지만 그의 직업은 현대 의사와는 사뭇 달랐다는 것을 기억해 두는 것이 중요하다. 누가를 '의사 누가'라고 부르는 설교자들이 있고 그렇게 부를 만도 하지만, 1세기 의사는 현재의 신경외과 의사와는 달랐다.

연대

유감스럽게도 누가가 사도행전을 언제 썼는지에 대해서는 일치된 의견이 없다. 정확한 연대를 추정하는 데 바탕이 되는 정보가 거의 없기 때문이다. 어느 하나로 못을 박아 버린다면, 어떻게 생긴 그림을 완성해야 하는지 혹은 퍼즐 조각이 다 있는지도 모른 채 퍼즐을 맞추려고 하는 것이나 마찬가지다.

신약 문헌의 연대를 추정하는 방법 중 명확한 축에 드는 방법은, 그 문헌에 유대 사회의 세계관을 산산조각 내버린 사건인 유대 전쟁(주후 66-70년)과 예루살렘 성전 파괴(주후 70년)가 직간접적으로 나오는지 여부다. 유감스럽지만 사도행전은 예루살렘에서 첫 장을 시작한 이후로 예루살렘을 넘어서는 복음 전파에 주된 관심이 있기 때문에 그런 식으로는 연대를 추정할 수 없다. 그래서 누가가 글을 쓰던 당시 혹은 그보다 전에 예루살렘 멸망이 일어났다 하더라도 그 사건을 언급하지 않는 것은 이해가 된다.

그러므로 사도행전에 등장하는 로마 통치자들을 성경 이외의 기록에 나오는 그들의 통치 기간과 비교해서 연대를 추정해야 한다. 이 방법으로 하면 사도행전의 연대가 아주 명확해진다. 학자들 대부분은 사도행전이 주후 60년 이후에 쓰였다고 생각한다. 이 연대는 유대 총독 보르기오 베스도의 통치 기간을 참고한 것으로, 그는 60년대 초에 사망했다(행 24:27-26:32 참조). 연대표의 끝부분에서는, 사도행전이 주후 90년 이전에 완성된 것으로 추측할 수 있는데, 아무리 늦어도 그때쯤에는 예루살렘 멸망 소식이 로마 제국 전역에 알려졌을 것이기 때문이다. 그러면 그리스도인 1세대가 끝날 즈음에서 그리스도인 2세대가 끝난 시점까지를 사도행전의 저작 연대로 추정할 수 있다.

그러나 사도행전 연대 추정은 단순히 학문적인 일이 아니다.

연대 추정은 사도행전이 등장한 종교적, 문화적 정황을 이해하고 통찰하기 위해서도 중요하다. 그리스도인 1세대는 오늘날 신자들과 상당히 다르다. 우리는 사도행전에서 서술하는 여러 사건 속에서 유대교와 기독교가 오늘날처럼 서로 뚜렷이 구별되지 않는다는 것을 잊지 말아야 한다(행 25:19 참조). 처음에는 기독교를 유대교의 논란거리 분파로 여겼다. 바울이 선교 중에 쉽게 복음을 받아들이는 이방인들을 만나 교회 안에 민족의 다양성이 들어오게 되기 전까지 초대 교회 교인은 거의 유대인이었다. 그러한 다양성의 기반을 수립하는 데 있어 사도행전 11장에 나오는 토론이 중요하다.

또한 기독교가 로마 제국이라는 공적 영역으로 이동했을 때, 예수 그리스도의 주 되심은 완전히 새로운 소식이었다. 1세기와 21세기 모두 종교적으로 매우 다양하지만, 1세기는 기독교 이전(Pre-Christian) 시대인 반면, 우리가 사는 21세기는 기독교 이후(Post-Christian) 시대다. 게다가 기독교가 21세기에는 대다수 문화 속에 아주 쉽게 융화되었지만, 1세기에는 극심하면서도 지속적인 박해의 대상이었다. 바울과 관련한 누가의 서술에서 우리는 고난이 초대 교회에서는 흔한 일이었음을 알 수 있다. 사도행전의 연대 추정을 되새겨 보는 것은, 우리가 사도행전에 나오는 여러 사건의 정황과 우리가 마주한 정황 간의 연대적, 문화적 차이를 기억하는 데 도움이 된다.

1세기 유대와 로마 연대표

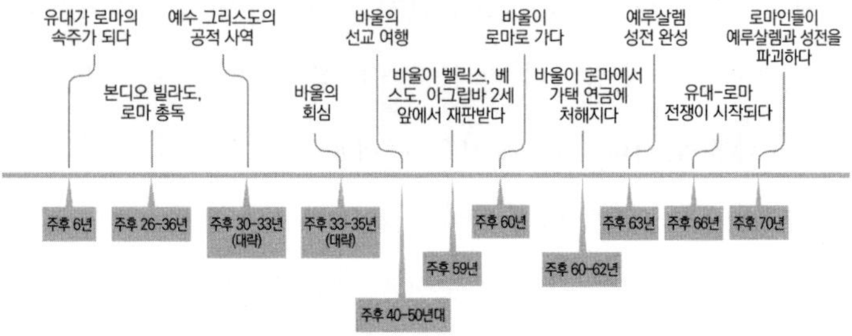

청중

글을 쓰는 사람은 보통 특정 청중을 염두에 두고 쓴다. 누가는 누가복음과 사도행전을 누구를 대상으로 하여 썼는가? 누가복음 1장 3절과 사도행전 1장 1절에서는 누가가 "데오빌로"에게 글을 쓰고 있다고 나온다.[4] 데오빌로가 누가의 연구와 저술을 재정적으로 후원했다고 말하는 학자들이 있다. 한편 데오빌로는 로마 제국에서 세력을 넓히고 있는 이 예수 운동이라는 것에 대한 조

---

4 데오빌로에 대해서는 방대한 문헌 자료가 있는데, 존경받는 복음주의 학자들인 D. A. 카슨(D. A. Carson), 더글러스 무(Douglas J. Moo), 레온 모리스(Leon Morris)가 이를 훌륭하게 요약했다. *An Introduction to the New Testament* (Grand Rapids: Zondervan, 1992), 195. 『신약 개론』(은성, 1994).

사 책임을 맡은 로마 당국자였다고 말하는 학자들도 있다. 그렇지만 누가는 로마에서 재판을 받을 바울을 도와주기 위해 누가복음과 사도행전에 있는 자료를 편집했으며, 데오빌로는 일종의 법원 관리였다고 말하는 학자들도 있다. 데오빌로는 1세기에는 흔했던 로마식 이름이기 때문에 이 특정한 데오빌로의 정체를 분명하게 파악하기는 어렵다.

그러나 데오빌로(Theophilus)는 특정 인물이 아닐지도 모른다. "데오빌로"를 직역하면 "신을 사랑하는 자"라는 뜻이다('데오'[*theo*]는 '신', '빌로'[*philus*, 필루스]는 '사랑하는 자'라는 뜻이다). 여기에서 '데오' 즉 '신'은 자동적으로 예수 그리스도 안에 계시된 하나님을 의미하는 것이 아니다. 1세기에는 로마 황제를 신으로 여겼기 때문이다. 바로 이 점이 해석에서 곤란한 부분이다. 그래서 어쩌면 누가는 진정한 주님이시자 하나님이신 예수에 대해 들어야 하는 로마인들을 의미하는 "데오빌로"에게 복음을 전하기에 알맞게 누가복음과 사도행전을 써 보내고 있었던 것일지도 모른다. 누가는 하나님을 향한 사랑 가운데 자라기를 원하거나 예수 그리스도 안에서 계시되고 교회가 전한 하나님의 사랑을 더 알기 원하는 그리스도인 청중에게 글을 쓰고 있었던 것일지도 모른다.

결국 여러분이 누구든, 하나님은 사도행전의 말씀을 통해 **여러분** 앞으로 편지를 쓰고 계신다. 그러므로 사도행전을 전체적으로

> 사도행전을 통해 하나님이 여러분에게 하실 말씀에 대해 마음과 생각을 열어 두라.

읽어 가면서 자신에게 질문하라. 나는 "데오빌로"인가? 나는 하나님을 사랑하는가? 나는 예수 그리스도를 통해 하나님의 사랑을 받았다. 그렇다면 나는 예수 그리스도를 전하는 사도행전을 읽을 준비가 되어 있는가?

사도행전을 통해 하나님이 여러분에게 하실 말씀에 대해 마음과 생각을 열어 두라.

목적

누가는 누가복음과 사도행전을 쓴 이유를 말해 주지 않는다(요 20:30-31과 비교해 보라). 그래도 우리가 알 수 있는 것은, 사도행전이 일찍이 예수 그리스도를 따르던 자들에 대한 역사 기록일 뿐만 아니라, 하나님이 사람들을 예수 그리스도의 역동적 제자로 변화시키셔서 쉼 없이 하나님 나라를 전하게 하실 지속적 수단이기도 하다는 것이다.

일종의 기록으로서 누가복음은 예수 그리스도가 하신 사역을 상세히 열거하는 반면, 사도행전은 교회가 성령의 능력을 통해 한 일에 관심을 기울인다. 그래서 사도행전에서는 예수 그리스도를 이스라엘의 메시아로 인정하지 않는 유대인과 예수를 메시아로 인정하는 사람들을 엄격하게 구분한다. 예수 그리스도는 성취된 구약의 약속 위에, 이스라엘의 남은 자들과 접붙인 가지인 이방인들과 함께 그분의 교회를 세우고 계신다. 이것 역시 누가가 로마인들을 긍정적으로 묘사하는 까닭을 설명해 준다. 1세기 로마 제국은 초강대국이었다. 그러한 정치적 맥락 안에 있는 청중이 복음을 듣는 것이 누가가 원하는 바였다면, 누가는 예수 그리스도가 황제의 경쟁 상대일 뿐만 아니라 황제보다 **더 나은** 존재에 해당한다는 것도 입증해야 했다.

그러나 사도행전은 기록일 뿐만 아니라 하나님이 사람들을 예수 그리스도의 역동적 제자로 변화시키시는 지속적인 수단이기도 하다. 그 제자들이 계속해서 하나님 나라를 전할 것이다. 사도행전은 그 자체로 복음 선포 형식이다. 그래서 사도행전에는 설교와 연설이 가득하다. 우리는 선포된 기록을 소유하는 데 그치는 것이 아니라, 그 선포를 듣고 믿음으로 응답해야 한다. 이것이 사도행전에 누가복음처럼 구약 성경에 대한 인용이 가득한 이유다. 누가는 어떻게 해서 예수 그리스도가 하나님이 오래전에 하신 약속의 성취인지를 보여 준다. 예수 그리스도는 하나님이 이스라엘을 상대하신 최종적 결과다. 이제는 교회가 예수 그리스도 안에서 세워진 하나님 나라의 지상 거점 공동체다. 우리는 예수 그리스도의 제자이자 마지막 때의 하나님 백성으로서 믿음으로 복음에 응답해야 한다. 또한 베드로와 바울처럼 그 복음을 주위 사도행전은 그 자체로 복음 선포 형식이다. 그래서 사도행전에는 설교와 연설이 가득하다.

사람들에게 전해야 한다.

여러분은 사도행전에 있는 하나님 나라 소식을 들을 준비가 되었는가? 복음에 믿음으로 응답할 각오가 되어 있는가? 세상에 복음을 들고 가는 공동체의 일원이 될 준비가 되었는가? 누가는 자신의 청중이 믿음으로 "예"라고 답할 각오가 되어 있다고 생각한다.

| 읽어 볼 글들 |

- “친구는 모든 것을 함께한다.”(『니코마코스 윤리학』[*Nicomachean Ethics*] 9.8.2)라는 아리스토텔레스의 격언을 사도행전 2:42-47, 4:32-35과 비교해 보라.
- 시편 16편(베드로가 사도행전 2:25-28에서 시편 16:8-11을 인용한다)
- 신명기 18:15-22

| 생각해 볼 질문 |

01 만일 누가복음의 맥락을 고려하지 않고 사도행전을 읽는다면 무엇을 놓치게 되는가?

---

02 사도행전이 단순한 역사일 뿐만 아니라 **해석된** 역사라는 주장에 대해 어떻게 생각하는가? 어떻게 하면 우리는 누가가 이야기하는 역사적 사건을 성령의 영감 아래 해석하는 방식에 특별히 관심을 기울일 수 있을까?

---

03 사도행전을 누가 썼는지가 왜 중요한가? 사도행전의 저자가 누구인지 아는 것이 사도행전의 신적 영감을 이해하는 데 어떤 영향을 미치는가?

---

04 누가는 역사를 분명하게 이해하기를 원했다. 그러나 누가는 역사를 분명히 이해하기만 하는 데 그치지 않기를 원한 듯하다. 누가는 초대 교회 이야기를 통해 다른 이들이 예수 그리스도의 역동적인 제자로 빚어져 나가기를 원했다. 누가가 들려주는 사도행전 이야기를 듣고 이해하려면 무엇을 해야 하는가? 그 일이 여러분의 삶을 어떻게 변화시킬 수 있는가?

3장

사도행전의 핵심 등장인물

한 번은 지역 경찰서에서 내가 목격한 사소한 범죄의 정식 증인이 되어 달라는 요청을 받았다. 수사관 한 명이 우리 집에 와서 내 진술을 받아 적기 위해 질문을 했다는 말이다. 그 경찰은 내가 본 것에 대한 공식 기록이라는 뜻으로 '내 진술'이라고 했다. 나는 그 요청에 동의하고 난 후 목격한 것과 관련해 많은 질문을 받았다. "누가 그 일을 했는가?" "언제 그 일이 일어났는가?" "그 일을 목격할 때 나는 어디에 있었는가?" 수사관은 연루된 사람과 범죄 현장, 그리고 그 사건이 일어난 날짜와 시간에 대해 상세히 알고자 했다. 실제 일어난 사건을 객관적으로 규명하기 위해서는 사건 내력에 대한 목격자 진술이 중요하기 때문이다.

흔히 역사에 대해 목격자 진술을 작성하는 이들은 정확한 세부 사항을 되도록 많이 포함시킨다. 자신의 진술이 미래 세대에게 정사의 한 부분이 되기를 바라기에 이 점에 더 주의한다. 누가가 사도행전에서 하는 일이 정확히 이것이다. 사도행전은 정확한 인명과 지명, 사건으로 가득하다. 누가는 초대 교회 이야기의 일부분인 특정 사람들의 이름을 밝히는 데 관심이 있다. 그리고 누가는 **항상** 로마 관리의 직함을 사용한다. 이것으로 미루어 보아 누가는 로마 사회가 어떻게 돌아가는지 알고 있었을 뿐만 아니라 자기 이야기의 정확성을 보증하는 데도 관심과 주의를 기울이고 있다. 사도행전은 목격자의 **증언**으로서 실제 사람과 실제로 일어난 사건에 대한 책이다. 이제 우리의 질문은 이것이다. 누가가 사도행전에 포함시킨 주요 인물은 누구이며, 그들은 이 이야기에 어떻게 이바지하는가?

집합적 등장인물: 유대인들

사도행전에는 개별적으로 등장하는 유대인이 많다. 하지만 누가는 사도행전 전체에서 '유대인들'이라는 집합 용어를 40번 이상 사용한다. 누가가 '유대인들'이라고 언급한 자는 누구인가?

'유대인들'이라는 표현은 몇 단락에만 집중되어 있다(행 9, 13-14, 17-18, 20-21장). 이 단락은 사도행전에서 초대 교회와 유대교가 극도로 충돌하는 부분이다. 이 부분에서 바울은 과거 유대교

협력자들과 처음으로 대립한 것(행 9장), 바울이 이방인들에게 말씀을 전할 때 유대인들이 반대하여 음모를 꾸민 것(행 13-14장), 데살로니가와 고린도 회당에서 바울이 거부당한 것(행 17-18장), 예루살렘에서 체포된 바울이 재판을 받기 위해 로마로 떠난 것(행 20-21장)을 들려준다.

그러므로 '유대인들'은 유대인 중에서 메시아 예수 그리스도에 대한 메시지를 거부한 자들에게 누가가 자기 식으로 붙인 이름이다(행 9:22-23; 12:3; 13:45-50; 14:4과 같은 단락에서 아주 분명하게 나타난다). 이 부정적인 어법은 예외가 별로 없다(행 13:5; 17:1, 17; 18:5, 14, 19). 그러한 예외는 누가가 특정 회당의 구성원을 유대인들이라고 총칭해서 언급하거나 바울이 이방인들에게로 가기 전에 먼저 유대인들에게 말씀을 전하곤 했다고 설명하는 경우다. 여기서 '유대인들'은 한 집단으로서의 유대인들을 다른 이들과 간편하게 구별하는 방법일 뿐이며, 부정적인 어감은 담겨 있지 않다. 그러나 그 외의 경우 누가는 복음의 메시지를 강력히 거부하는 자들, 사도들을 박해하는 자들, 로마인들과 한통속이 된 자들을 '유대인들'이라고 부른다. 누가는 이스라엘 백성 중에 자기들의 메시아를 거부한 이들을 이렇게 부른 것이다.

사도들이 '유대인들'과 충돌한 이야기에서, '유대인들'은 오늘날 우리가 '유대교 지도부'라고 일컬을 대상을 의미한 경우가 흔하다. 이런 표현을 사용한다고 해서 누가가 반유대주의자는 아니다. 또한 유대 민족 전체가 예수 그리스도를 메시아로 받아들이지 않았다는 뜻도 아니다. 그러나 사도행전에서 초대 교회와 회당 간의 최고조에 이른 갈등을 묘사하는 부분에 등장하는 '유대인들'은 어느 한 지역의 유대인 사회를 대표한다. 유대교에서 영향력 있는 자들이 예수 그리스도에 대한 소식을 듣지도, 받아들이지도 않았다는 것을 누가가 자기 방식으로 언급한 표현이다. '유대인들'은 전에 예수 그리스도를 겨냥했던 것과 똑같이 초대 교회를 겨누어 방해 운동을 은밀히 조직한 이들이다. 그것은 온 땅의 주인이신 이스라엘의 하나님을 대적하는 불신과 종교적 반역의 이름이다. 이스라엘의 하나님이 예수 그리스도의 모습으로 오셨으나 '유대인들'은 그분을 거부했다.

그러나 유대인들의 이런 거부가 사도행전에서는 절대적이지 않다. 불신보다 훨씬 강력한 것은 예수 그리스도 안에서 역사하는 은혜다. 하나님 언약의 신실하심을 대적하는 유대인들이 널리 퍼진 가운데, 누가는 시종일관 몇몇 유대인이 "예수 그리스도는 메시아이시다."라는 선포를 용기 있게 받아들인 것을 기록한다(행 21:20). 대체로 사도행전에서 '유대인들'은 민족이 아니라 종교를 지칭하는 말이다.

고대에는 사람들을 분류하거나 그들에게 꼬리표를 붙이는 것이 지금보다 훨씬 더 받아들일 만한 일이었다. **현재** 우리에게는 사람을 일반화할 때 신중을 기하는 것이 현명한 일이다. 그러나 누가가 사도행전에서 '유대인들'에 대해 지적하고자 한 것은, 예수 그리스도께서 세상에 그리스도를 믿는 자들과 그분을 반대하는 자들 사이에 분열이 생기게 하셨다는 것이다(예수께서 이것을 예측하신 것과 관련해서는 누가복음 12장 참조). 이것이 모든 민족적 경계를 넘어 널리 영향을 미친다. 오늘날 '유대인들'이라는 말을 듣는다면, 그 말은 우리가 복음에 믿음으로 응답하지 않은 채 우리를 통해 복음이 전파되도록 하지 않는 것에 대한 일종의 도전이다. 우리가 어떤 사람이든지, 예수께서는 항상 그분을 신뢰하며 충성스럽게 따르라고 우리를 부르고 계신다.

개별적 등장인물: 로마인들

누가는 '유대인들'은 집합적으로 사용하면서도, 로마인들은 그런 식으로 언급하지 않는다. 오히려 누가는 사도행전에서 로마 통치자나 관리, 시민 개개인에게 각기 초점을 다르게 맞춘다. 예루살렘에서 로마 식민지는 물론 로마 제국의 수도로까지 장소를 이동하여 이야기하면서 누가는 우리에게 1세기 로마 사회의 단면을 보여 주는 다양한 인물을 소개한다. 우리는 로마의 지배자들뿐만 아니라 피지배자들도 만난다.

예수 그리스도가 주이시라는 소식에 냉담하게 반응한 로마인이 많았다. 이 메시지가 이들에게는 전혀 중요하지 않았다. 이들에게는 세상의 주가 누구인지 아주 분명했기 때문이다. 가이사가 세상의 주였다. 이들은 경쟁자 '주'에 대한 소식을 그저 유대교 내부의 논쟁에 불과한 것으로 (종교적인 의미만 있는 것으로) 여겼다. 사도행전 18장에서 바울이 고린도에서 설교한 것 때문에 군중이 폭동을 일으켰을 때 '아가야 총독' 갈리오가 이런 태도를 보였다. 누가의 서술에 따르면, 갈리오는 굳이 끼어들려고 하지 않으면서 유대인들에게 "너희가 스스로 처리하라"(행 18:15)라고 말했다. 유대교에 대한 것은 물론이고 모든 일에 이렇게 무관심한 것이 로마인들의 전형적인 태도였다.

그다음으로는 자신이 맡은 직위의 성격상 사도행전에서 펼쳐지는 극적인 사건에 깊이 관여하게 된 (또는 관여할 수밖에 없게 된) 로마인들이 있다. 가장 좋은 예로는 글라우디오 루시아가 있는데 (행 23:26), 이 로마인은 바울 암살 음모를 꾸민 유대교 지도부에게서 바울을 (바울이 황제 앞에서 재판을 받기 위해 로마로 이송될 수 있을 때까지) 보호할 책임을 맡은 예루살렘 주둔 로마 부대 천부장이었다(행 23장). 글라우디오 루시아와 관련하여 흥미로운 점은 이 로마인이 바울과 상당한 시간을 함께 보냈는데도 누가는 이 천부장이 그리스도인이 되었는지 여부를 전혀 기록하지 않는다는 것이다. 이러한 누락 때문에 우리는 글라우디오 루시아가 그리스도인이 되지 않았다고 추정할 수 있을 뿐이다. 그러나 루시아가 바울을 그렇게 가까이에서 상대하는 동안 예수 그리스도에 대해 들을 기회가 있었으리라는 것도 추정 가능하다. 루시아는 기독교 신앙을 아주 잘 알게 되지만(이 점이 기독교 신앙을 즉각 묵살해 버린 갈리오와 다른 점이다), 그 신앙에 자기 자신을 드릴 수 있는 기회를 잡지 않는다. 그저 자기 할 일만 할 뿐이다.

기독교 메시지에 완전히 적대적인 로마인들도 있다. 그들에게 기독교는 터무니없으며, 일종의 정신 이상이었다(행 26:24). 아그립바 2세는 이런 유형의 로마인을 완벽하게 보여 준다(행 25-26장). 역사를 통해 우리는 아그립바 왕이 유대교에 대해 알고 있었고, 예루살렘 주민을 음흉하게 대했다는 것을 알 수 있다. 누가는 아그립바의 성격을 생생하게 묘사한다. 그래도 아그립바와 그 여동생 버니게의 의심스러운 관계에 대해서는 조심스럽게 말하기는 한다. 바울이 아그립바 앞에 나와 자신을 변호할 때, 누가는 아그립바가 "바울아, 네가 미쳤도다. 네 많은 학문이 너를 미치게 한다!"라고 소리 지르며 응답했다고 기록한다. 아그립바는 그런 다음 계속해서 바울과 바울이 전하는 예수 그리스도에 대한 소식을 묵살하며 "네가 적은 말로 나를 권하여 그리스도인이 되게 하려는 것이냐?" 하는 수사 의문문으로 질문한다(행 26:24, 28). 그러고 나서는 재판을 받도록 바울을 로마로 보내는 것에 대한 적당한 구실로서, 바울이 황제에게 상소한 것에 주목한다(행 27장). 아그립바는 바울을 만나는 내내 그리스도에 대해 듣고 개인적으로 가까운 사이가 될 기회가 충분히 있었지만 그렇게 하는 대신 복음을 거부했다.

마지막으로 예수께 믿음으로 응답한 로마인들이 있다. 수많은 로마인이 복음에 대해 아무 말 없이 경멸하거나 큰 소리로 거절했다. 또한 무관심으로 응답했다. 하지만 사도들이 전하는 좋은 소식에 마음이 끌린 로마인들도 있었다. 이들이 전에는 로마 제국에 충성을 다했지만, 이제는 하나님 나라에 충성을 다한다. 바로 이런 일이 로마 백부장 고넬료의 인생에서 일어났다(행 10장). 고넬료의 회심 이야기 전체에서 누가가 강조하는 것처럼, 그리스도 외에 고넬료를 사로잡고 지배하던 세력을 성령께서 처음부터 끝까지 뚫고 나아가셨다.

이로써 예수 그리스도에 대해 선포된 메시지와 성령의 내적 역사하심이 항상 함께 있게 된다. 그 결과 하나님은 매번 무언가를 전부, 예상 외로 새롭게 하신다.

다수 등장인물: 초대 교회 그리스도인들

한쪽에는 "유대인들"이 있고 다른 한쪽에는 로마인들이 있는

사도행전 사건이 일어나는 동안, 로마 황제들이 재위를 시작한 때

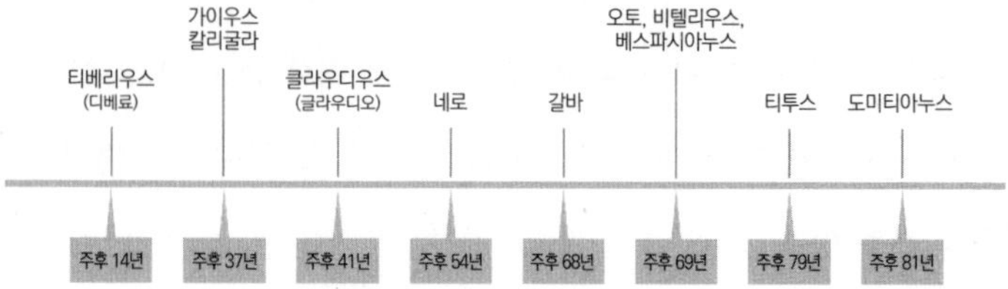

상황에서, (평범한 그리스도인들로 구성된) 초대 교회 성도들이 사실은 사도행전의 주요 인물들이다. 사도행전은 처음 그리스도인들 안에서 성령이 어떻게 역사하셔서 초대 교회를 유대교 지도부와 로마 제국으로부터 구분할 기반을 마련해 주셨는지를 이야기한다.

1) 사도들

예수 그리스도는 초창기 그리스도인들 중에서 열두 명을 그분의 제자로 부르셨다. 예수께서는 이들을 사도로 임명하셔서 그분을 모퉁잇돌로 하는 교회의 공식적인 터가 되게 하셨다(엡 2:20 참조). 숫자가 '12'인 것을 볼 때, 열두 제자는 새롭게 된 이스라엘을 대표하는 매우 상징적인 집단이었다. 여기서 새로워진 이스라엘은 용서받고, 포로 생활에서 돌아오고, 하나님이 새로이 창조하신 백성으로 회복된 이들을 의미한다.

가룟 유다의 배반과 자살에 이어 누가 사도로 섬길 수 있느냐 하는 것과 관련해 논쟁이 있었다. 사도행전 1장 21-22절에 보면, 저자 누가는 성육신하신 예수께서 세례를 받으시고 승천하실 때까지 하신 사역의 목격자로서 사도들을 특별히 부각한다. 그러나 아무나 사도가 될 수 없었다. 사도직은 예수 그리스도와의 개인적 만남과 그분의 인도하심 아래 있는 교회의 공동체적인 성격에 기인한다.

예수께서는 성령을 통해 열두 사도를 정하시고 그들 모두에게 권한을 주셨지만, 누가는 그중 몇 명에게만 집중한다. 사도행전 앞부분에는 요한과 야고보, 빌립의 활동이 기록되어 있지만, 가장 눈에 띄는 인물은 베드로다. 바울은 사도행전 9장에 소개된 다음에, 13장 이후로 줄곧 가장 중요한 인물이 된다.

사실 바울은 베드로와 나머지 열한 제자와 같이 그렇게 사도가 된 것이 아니다. 그는 사도직의 자격 요건에 들어맞지도 않고 누가복음 6장과 사도행전 1장에 나오는 사도 명단에도 없는데 이 사실은 주목할 만한 일이다. 그러나 우리는 초창기 그리스도인들을 따라 바울을 시종일관 '사도'라고 부른다(이 문제는 바울도 개인적으로 고심한 것으로 보인다. 누가가 바울을 사도로 언급하는 사도행전 14장 14절뿐만 아니라 로마서, 고린도전후서, 갈라디아서, 에베소서, 골로새서, 디모데전후서, 디도서의 처음 구절들을 살펴보고, 바울이 자신을 "사도 중에 가장 작은 자"라고 부른 고린도전서 15장 9절과 비교해 보라). 바울이 회심할 때 부활하신 예수를 목격한 것은 사실이다(행 9장). 바울은 이 일로 인해 독특함을 인정받으며 사도가 될 자격을 받는다.

사도들은 예수께서 하신 모든 사역에 대한 목격자로서 개인적으로 이스라엘의 소망의 성취를 경험했다. 그것이 사도직의 기반이 된다. 사도들은 스스로 성육신하신 하나님에게서 직접 하나님의 계시를 받았다. 이들은 가장 친밀하게 예수 그리스도를 따랐다. 그래서 가장 초기에 예루살렘과 유대와 사마리아와 땅끝까지 이르러 복음을 전하라는 교회의 사명이 시작되었음을 알리는 특별한 자리에 있을 수 있었다. 사도들의 증언 덕분에 예수 그리스도와 그분을 대대로 따르는 이들이 연결된다.

제자들이 예수 그리스도의 사도가 되다

예수 그리스도의 공적 사역 기간 **(눅 6:14-16)**	**예수 그리스도의 승천 이후** **(행 1:13, 26)**
시몬 베드로 야고보와 요한(세베대의 아들들) 안드레 빌립 바돌로매 마태(레위라고도 알려짐) 도마 야고보(알패오의 아들) 유다(야고보의 아들) 시몬(셀롯) 가룟 유다	시몬 베드로 야고보와 요한(세베대의 아들들) 안드레 빌립 바돌로매 마태(레위라고도 알려짐) 도마 야고보(알패오의 아들) 유다(야고보의 아들) 시몬(셀롯) 맛디아

2) 초대 교회 지도자들

그러나 초대 교회에서 사도들만 지도력을 발휘한 것 같지는 않다. 사도들 곁에는 다른 지도자들도 많았다. 이것과 관련하여 주시해야 할 점은, 초대 교회의 증인들이 예루살렘을 넘어 이방 지역으로 옮겨 감에 따라 초대 교회에서 사도가 아닌 지도자들이 다양한 민족적 성격을 뚜렷하게 띠게 되었다는 것이다.

예를 들어, 사도행전 6장에 기록된 최초의 집사들을 보자. 교회 물자의 공정한 배분과 관련하여 히브리파 과부들과 헬라파 과부들 사이에 갈등이 있었다. 사도들은 이에 대응하여 이 중요한 역할을 감독할 사람 일곱을 지명한다. 이름에서 드러나듯이 이들은 대부분 헬라인이었다. 이것은 교회 내부에서 민족 간 분열이 일어나자 다양한 민족에서 지도자를 임명함으로써 그 분열에 대처했다는 중요한 표시다.

이와 꼭 같은 민족적 다양성은 바울과 여행한 동료들에게서도 볼 수 있다(디모데와 에라스도[행 19:22], 가이오와 아리스다고[행 19:29], 소바더, 세군도, 두기고, 드로비모, 그 외 앞에서 언급한 몇 사람[행 20장]). 예수 그리스도의 교회는 유대교에 깊이 뿌리를 두고 있었지만, 지도부 차원에서도 민족 간 구분을 뛰어넘었다. 교회는 새로워진 이스라엘일 뿐만 아니라 새로워진 창조이기 때문이다. 모든 사람이 하나님의 새로운 창조 백성, 곧 개종자, 후원자, 선교사, 복음

> 모든 사람이 하나님의 새로운 창조 백성, 곧 개종자, 후원자, 선교사, 복음 전도 여행의 동료, 심지어 지도자로서 환영받는다.

전도 여행의 동료, 심지어 지도자로서 환영받는다. 예수 그리스도의 교회에는 특권을 지닌 민족 집단이 하나도 없다.

그러나 초대 교회 지도부에서 섬기는 것은 세속적 성공이나 편안함, 안락함과 동일시되지 않았다. 다수의 사도와 그 외 초대 교회 지도자들은 때 이른 죽음을 맞았다. 세상은 예수님도, 복음을 전하던 제자들도 받아들이지 않았다. 유대교 지도부는 스데반을 돌로 쳤다(행 6-7장). 헤롯은 야고보를 죽였다(행 12장). 또 바울은 방문한 거의 모든 도시에서 매를 맞고 감옥에 갇혔다. 그렇지만 이들은 세상이 주는 이 모든 천대를 기쁘게 받았다. 그들은 세상의 진정한 주인이신 예수 그리스도에 대한 믿음 때문에 고난을 받기에 그러한 천대를 합당한 것이라 여겼다.

순교했다고 기록되지 않은 사람들조차도 주님을 향한 믿음에 개인의 안전과 편안함을 걸었다. 바울의 선교 여행을 후원한 부자 바나바(행 4:36-37)가 갓 개종한 바울을 담대하게 사도들에게 데려갔던 일을 생각해 보라(행 9:27). 바나바의 행동 때문에 그날 그 자리에 있던 사람들은 공포에 떨었을 것이다. 그도 그럴 것이 바울은 극단주의자로 명성이 자자했다. 바울은 살려둘 수 없는 사람이었다. 그때나 지금이나 그런 소식은 급속히 퍼지며 마음을 찌른다. 그 소식에 어떤 이들은 두려움과 조바심으로 반응했다. 믿음으로 따라가는 이들도 있었다. 초대 기독교 지도자들은 자기들이 누구를 섬기는지 알고 있었기에 어떤 대가를 치르든 개의치 않았다.

3) 그 밖의 초기 그리스도인들

사도행전 처음부터 끝까지 누가는 고대 세계 도처에 새로이 생긴 작은 교회들의 구성원 이름을 신중하게 언급한다. 이들은 복음 전파에서 각기 중요한 역할을 한다. 처음에는 손꼽힐 정도로 중요한 사람이 자주 등장한다. 욥바에 사는 그리스도인으로서 사도행전 9장에서 죽는 다비다('도르가'라고 불리는)를 예로 들어 보자. 베드로는 다비다를 죽은 자들 가운데서 살려 냄으로써 그녀를 다시 공동체 본연의 자리로 보낸다. 그만큼 다비다가 공동체에서 차지하고 있던 비중이 컸다. 공동체에 있는 "모든 과부들"이 도르가가 만들어 준 옷들을 내보였다고 누가가 언급하는 것을 눈여겨보라. 여기서 다비다가 욥바 전역에 복음을 전파하는 데 매우 중요한 역할을 했음이 드러난다(행 9:42). 다비다는 살아 있을 때도, 죽었을 때도, 다시 살았을 때도 중요 인물이었다.

그다음으로 주후 40년 로마에서 글라우디오 황제에게 추방당한 후에 고린도에서 바울을 만난 유대인 난민 브리스길라와 아굴라를 생각해 보라(행 18장). 이 부부는 바울과 같은 사업(천막 만들기 또는 어떤 이들이 말하듯이 돛 만들기)을 하고 있었다. 이들과 바울은 사업과 기독교 선교 양쪽에서 동업을 하기 시작한다. 사실 브리스길라와 아굴라는 바울의 선교 여행에 동행한 후에 젊고 열심인 기독교 개종자 아볼로의 스승이 된다. 이어서 아볼로는 많은 이들에게 기독교 신앙을 가르친다. 어떤 이들은 아볼로가 신약 히브리서의 저자라고 믿기까지 한다.

사도행전에서 회심은 그저 어쩌다 일어난 일이 아니었다. 누군가가 훌륭한 선교 이야기를 기대하기라도 한 것처럼 사도행전에는 회심 이야기로 가득하다. 회심한 자들 대부분은 이름이 나오지 않지만(오순절 직후 며칠 동안 회심한 사람들 수천 명을 떠올려 보라), 에디오피아 내시(행 8:26-39), 룻다의 애니아(행 9:32-35), 두아디라의 루디아(행 16:11-15), 아레오바고 관리 디오누시오(행 17:34), 고린도의 회당장 그리스보(행 18:8) 같은 몇 사람은 중요하기 때문에 이름이 기록되었다.

사도행전이 기록하고 있는 많은 회심자들은 아주 처음부터 복음이 **모든 사람**을 위한 메시지였음을 집합적으로 보여 준다. 복음은 유대인과 이방인, 아프리카인과 유럽인, 부자와 가난한 자, 권력자와 힘없는 자, 중요한 자와 평범한 자, 곧 모두를 위한 메시지다. 회심하여 새 생명을 얻게 하기 위해 복음의 메시지가 넘어가지 못할 경계선은 하나도 없다. 누가는 모든 명단을 보여 주는 대신, 고대 세계라는 폭넓은 지역에서 일어난 구원을 전략적으로 열거한다. 그런데 거기에는 구원의 민족적, 사회적, 문화적, 종교적 다양성이 모두 들어 있다. 예수 그리스도의 복음은 온 세상을 위한 것이다!

사도행전을 보면 복음을 기쁘게 받아들이는 경우가 흔하지만, 누가는 복음을 들은 자들이 저지른 비극적인 기만행위도 이야기에 포함시킨다. 가룟 유다(행 1:18), 아나니아와 삽비라(행 5:1-10), 마술사 시몬(행 8:9-25)의 사건이 그렇다. 이 세 이야기는 복음의 메시지를 듣고도 믿음이 부족했던 사람들의 한 예가 된다. 이들은 초대 교회에 어느 정도 참여했지만 믿음이 많이 **부족**했다. 이 이야기는 교회 초기에 있던 배반, 사기, 이기적인 자만심에 대한 것이다. 교회는 갈등 없는 구역이 **아니다.** 우리는 이런 이야기를 통해 교회가 시작된 초기부터 거룩하지 않은 동기가 믿음에 딸려 왔다는 것을 상기하게 된다. 이처럼 인간의 마음은 하나님에게 반항적이다. 죄는 그토록 파괴적인 것이다. 오늘날에도 우리는 교회에 존재하는 상처는 마땅히 애통해해야 하지만, 그것에 놀라서는 안 된다.

주인공: 성령

사도행전에는 많은 사람들이 등장하지만, 이들 중 아무도 진정한 **주인공**이라고 주장할 수 없다. 주인공 자리에 딱 맞는 자질은 예수 그리스도가 누가복음 24장 49절에서 약속하신 성령께만 있을 수 있다. "내가 내 아버지께서 약속하신 것을 너희에게 보내리니 너희는 위로부터 능력으로 입혀질 때까지 이 성[예루살렘]에 머물라." 사도행전의 처음 몇 장에서 그 성령이 믿는 자들에게 오셨다.

성령께서는 사도행전에서 처음부터 끝까지 활동을 지휘하시면서 사도들이 복음을 들고 흩어지게 하신다. 성령께서는 모든 사건이 펼쳐지는 장면의 배후에서 일하신다. 성령은 기독교회가 펼쳐 나가는 삶에 나타나는 예수 그리스도의 살아 계신 임재이자 능력이다.

성령께서는 오셔서 사도들에게 선교 사역을 의뢰하신다(행 2장). 또한 성령께서는 베드로를 담대하게 만드셔서 예수 그리스도가 구약에 있는 약속의 성취임을 설교하게 하신다(행 4장). 아나니아와 삽비라가 자기들이 드린 교회 연보에 대해 거짓말을 한 것은 "성령을 속인" 행동이었다(행 5:3). 성령께서는 교회와 친밀하게 연합하신다. 일곱 집사 선택은 그들 가운데 성령께서 살아 계시느냐 하는 것을 기반으로 한다(행 6장). 성령께서는 스데반 곁에 서셔서 그가 순교 전에 할 말을 알려 주신다(행 7장). 성령께서는 사도들이 자신의 선교적 사명이 얼마나 광범위한 것인지에 대해 상상력을 펼치기도 전에 먼저 행하신다(행 8장). 바울이 부활하신 예수를 만난 후에 성령께서는 아나니아(5장의 아나니아와는 다른 사람)를 바울에게 데리고 가신다(행 9장). 이어 성령께서는 이방인들에게 내려오셨으며, 유대 그리스도인들이 이를 보고 소스라치게 놀란다(행 10장). 또한 성령께서는 아가보에게 예언할 말을 주신다(행 11장). 그리고 성령께서는 안디옥 교회에서 바울과 바나바를 따로 세워 선교 여행을 떠나게 하신다(행 13장). 계속해서 성령께서는 예루살렘 공의회가 이방인들을 교회에 포함시키도록 지도하신다(행 15장). 성령께서는 바울이 선교 여행에서 갈 곳을 지시하신다(행 16, 19장). 바울이 예루살렘으로 가면 결국 체포되겠지만, 사도행전 20장에 이르러 성령께서는 바울을 예루살렘으로 이끄신다.

이 모든 면에서 성령이 사도행전의 주인공이다. 성령께서는 교회를 지도하시고, 교회의 선교 여행의 방향을 지시하신다. 교회가 잘 모르는 지역까지 확장되도록 확정하신다. 거절과 박해 앞에서 신자의 용기를 북돋우신다. 사도행전의 처음부터 마지막까지 복음이 앞으로 나아가는 중요한 순간마다 성령께서는 하나님의 백성을 이끌어 나가신다. 사도행전의 모든 인물들은 성령께서 사도행전의 처음부터 마지막까지 복음이 앞으로 나아가는 중요한 순간마다 성령께서는 하나님의 백성을 이끌어 나가신다.

이끄실 때 믿음으로 (혹은 반역으로) 응답할 뿐이다.

성령이 이끄시는 교회의 이러한 역동성을 목격한 사도행전의 독자들은 그때나 지금이나 성령께 어떤 식으로 응답할지를 결정하라는 도전을 받는다. 우리는 자신에게 질문해야 한다. 나는 내 삶에서 성령의 이끄심을 받아들이고 있는가? 성령의 지도하심 아래 예수 그리스도에 대한 충성스러움이 내 생활과 직장, 이웃에게 어떤 모습으로 나타날 것인가? 성령은 내게 어떠한 은사를 주셨는가? 또한 성령은 그 은사를 사용하도록 나를 어디로 인도하시는가? 이런 질문으로 사도행전은 모든 시대와 장소를 초월해 독자를 자극한다. 다시 말하면, 우리에게는 들을 귀와 응답할 마음이 있는가? 좋은 소식이 있다. 곧 성령께서 예수 그리스도를 따르는 이들과 늘 함께하시고, 세상에서 하나님의 목적을 위해 늘 역사하시며, 아무 가망 없는 인간의 상황에서 늘 새로운 삶을 만들어 내신다는 소식이다.

| 읽어 볼 글들 |

- 사도행전 8:26-40
- 사도행전 9:32-43
- 이사야 2:1-4

| 생각해 볼 질문 |

01 이번 장에서 언급한 것처럼 "유대인들"은 예수 그리스도가 이스라엘의 메시아이심을 믿지 않은 유대교 지도자들을 의미한다. 여러분의 문화에서 예수 그리스도의 메시지를 거부하면서 또 다른 이들에게 반기독교적 영향을 미칠 수 있는 지도자는 누구인가? 오늘날 교회는 이렇게 믿지 않는 지도자들에게 사랑과 기쁨과 복음의 진리를 어떻게 선포하고 보여 줄 수 있는가?

---

02 사도행전에서 누가는 로마 제국과 제국의 통치자들, 관습, 신념에 대한 상세한 지식을 보여 준다. 여러분은 이 같은 상세한 지식이 초대 교회의 역사와 문화에 왜 중요하다고 생각하는가? 이런 지식을 갖춘 것이 교회에 어떤 유익을 주는가? 오늘날 우리가 문화에 대해 이와 같이 세부 사항을 앎으로 인해 어떤 유익을 얻는가?

---

03 복음은 모든 이를 위한 것이다. 이것이 사도행전에 나오는 각기 다른 개종자들에게서 우리가 배우는 교훈이다. 그러나 우리가 여전히 복음을 제시하기 어려운 사람은 누구인가? 여러분이 때때로 복음의 범위 바깥에 있다고 생각하는 사람은 누구인가?

04 초대 교회에도 믿음 부족 사례와 같은 비극적 요소가 있었다는 것을 볼 때 여러분은 어떤 생각이 드는가?

05 여러분은 초대 교회에 대한 누가의 이야기에서 성령이 '등장인물'이라는 것에 동의하는가? 교회 안에 계신 성령의 임재와 역할에 대해 생각할 수 있는 더 나은 방법이 있는가? 여러분은 오늘날 성령과 교회의 관계를 어떻게 이해하는가?

4장

사도행전에 나오는 갈등

앞서 3장에서 살펴보았듯이 사도행전은 성령께서 사도들을 어떻게 (그 밖에도 많은 인물들을) 초대 교회의 발전 가운데로 이끄셨는지를 들려준다. 그러나 사도들이 교회 밖 세상과 접촉하는 동안 (예루살렘에서건 로마의 변방 교역지에서건) 반대와 거부, 심지어 박해를 당한 이야기가 예수 그리스도를 믿고 회심한 이야기만큼이나 자주 등장한다. 사도행전에 왜 이 같은 갈등이 나오는가? 사도행전에는 거의 모든 장에 오해, 분투, 박해, 체포, 심지어 죽음을 당한 이야기가 들어 있다.

예수 그리스도의 부활과 승천 후에 있었던 긍정적인 시작을 생각할 때, 보통은 그런 이야기를 예상하지 **않을** 것이다. 복음 전파가 왜 갈등과 밀접하게 연결되어야 하는가?

다른 많은 사람들과 마찬가지로 나 역시 이 쟁점 때문에 홀로 고심했다. 내가 대학생일 때 기독교에 대한 공개 토론회에 참석해 달라는 부탁을 받은 일이 있다. 토론자들은 시민 사회에서 교회가 감당해야 할 역할에 대해 토론하도록 초대를 받았다. 당시 나는 대학 캠퍼스의 기독교 지도자여서, 토론 진행자는 아마도 내가 이렇게 주장하리라 추정했을 것이다. "교회의 소명은 일종의 성전(聖戰)을 추진하는 것처럼 강제적인 방식으로 온 세상을 기독교로 개종시키는 것이다."

토론자들은 아주 광범위한 입장을 대표하는 자들이었다. 한두 사람은 교회가 정치에 절대 관여하지 말아야 한다고 주장하는 반면, 어떤 이들은 무신론의 입장에서 말했다. 또 다른 이들은 좀 더 경건한 기독교 전통을 대변했다. 한 토론자는 교회가 갈등을 겪는 집단 간의 평화와 조화의 증진을 추구하는 인도주의 기구라고 믿었다. 교회는 시대에 발맞추어야 하며, 대중의 뜨거운 정치적 쟁점을 지지해야 한다고 생각하는 이들도 있었다. 나는 조금 혼란스럽게 해 보기로 결정했기에, 교회는 예수 그리스도의 증인이며 증인의 역할은 사적이기보다는 공적이라고 주장했다. 더 나아가서는 교회가 이같이 공적으로 증인 역할을 할 때, 교회는 사회 안에 갈등을 일으킨다고 주장했다. 교회는 예수님처럼 보통 분열과 갈등을 초래하는 입장을 취한다.

그날 내가 누구를 전도하여 그리스도인이 되게 했는지는 모른다. 내 전략이 완전히 틀렸을지도 모른다. 하지만 내가 단 하나 아는 것은 내 주장을 사도행전이 지지한다는 것이다. 사도행전에서 더 놀라운 주제 중 하나가 바로 갈등이기 때문이다.

> 초대 교회가 원형인 것은 틀림없지만, 갈등 없는 공동체는 아니다.

초대 교회를 이상적으로 보는 사람들이 많다. 초대 교회는 그리스도를 통해 회복되고 세계 도처에서 복음을 증언하는 하나님의 백성이 모인 것이기에 당연히 이후 세대가 본받을 일종의 유토피아로 여겨진다.

초대 교회가 원형인 것은 틀림없지만, 갈등 없는 공동체는 아니다. 예수님께서 오셔서 믿음과 불신 사이를 완전히 갈라놓으셨다(마 10:34 참조). 사도행전에서 교회는 분열의 한복판에 있다. 배신과 기만의 이야기가 회심과 확장의 이야기와 함께 나온다. 초대 교회는 언제나 갈등에 휘말렸고, 복음은 시종일관 갈등을 일으켰다.

사도행전에 나오는 갈등은 세 유형으로 나뉜다. 교회는 (1) 유대교 지도부와, (2) 로마 제국과, 그리고 (3) 교회 내부적으로 갈등 상황에 있다. 우리는 이런 갈등을 잘 보여 주는 단락을 상세히 살펴볼 것이다. 각 유형의 배경을 천천히 음미하면, 오늘날 사역을 위한 실제적인 질문을 발견하게 될 것이다. 내가 처한 현재 배경에서 이러한 갈등과 무엇이 유사한가? 그리스도에 대한 충성스러움으로 인해 직면하는 특정 갈등 상황에서 필요한 것은 무엇인가? 분명히 해 둘 것은, 그리스도인들은 모두 갈등을 붙잡고 씨름해야 하는 순간이 있다는 것이다. 그 갈등이 복음 메시지 자체와 관련이 있을 것이냐, 아니면 일부 기독교인들의 우둔한 무례함과 관련이 있을 것이냐 하는 것이 문제다.

교회와 유대교 지도부의 갈등(행 3-4장)

사도행전은 예수 그리스도의 부활과 승천, 성령 강림, 수천 명이 회심한 오순절 복음 설교, 병 고침 같은 가장 급격한 방식으로 시작한다.

그 후 베드로와 요한이 이러한 일들을 이스라엘의 메시아, 곧 예수라는 "승인 받지 않은" 이름으로 말하고 행한다는 이유로 체포된다. 사도행전 3장 1절에서 4장 22절에는 예수의 이름으로 가르치고 병을 고쳤다는 이유로 초대 교회와 유대교 지도부, 특히 성전 지도부 사이에 일어난 첫 갈등이 나온다. 이 단락의 문학적 시작과 끝에 주목해 보자. 사도행전 3장 1절은 걸인이 나음을 입은 사건으로 시작하며, 4장 22절은 깜짝 놀란 무리가 이 걸인에 대해 말한 내용을 요약하며 이 단락을 마무리한다.

1) 갈등의 원인

사도들은 **예수의 이름으로** 말하고 행했다(행 3:6; 4:7, 10). 사도들은 전통적으로 성전을 통해 받을 수 있다고 알고 있던 것들, 즉 용서와 거룩함, 하나님과의 관계 같은 것들을 이제는 최근에 처형당한 자칭 메시아, 예수를 통해 받을 수 있다고 주장하고 있었다. 상황이 복잡해진 이유는 1세기 예루살렘에 있던 유대인들은 병을 치료받으려면 성전으로 가야 한다고 알고 있었기 때문이다. 그렇지만 사도들은 성전을 피해, 성전 지도부의 승인도 받지 않은 채 성전에서 기대되는 것을 사람들에게 제공하고 있었다. 이들이 예수의 이름으로 한 행동 때문에 성전은 불필요하고 쓸모없으며 무력해지고 있었다. 성전 지도부는 사도들이 **예수의 이름으로** 한 행동에 반대함으로써 예수가 약속된 메시아라는 주장에 맞섰다. 그들은 예수 그리스도가 성전이시라는 사도들의 주장을 인정할 수 없었다. 사도들의 행동은 매우 상징적인 것으로, 이들은 예수 그리스도의 관점에서 유대교 전통 전체에 의문을 제기한 것이다. 사도들은 하나님을 향한 충성에 수반되는 것을 재정립하고 있었다. 그래서 예루살렘 성전 지도부와의 사이에서 극심한 갈등이 일어났다.

이러한 갈등의 원인을 다른 각도에서도 볼 수 있다. 장애인인 걸인이 한동안 성전 미문 밖에 있었던 것이 분명한데, 왜 이 걸인은 자기에게 정말 필요한 치료를 받으러 성전에 한 번도 들어가지 않았을까? 가장 분명한 대답은, 이 사람이 장애인이라서 제의상 깨끗하지 않아 성전에 들어가는 것이 금지되었기 때문이다.

그러나 더 예리한 대답은 이 사람이 걸인이었기 때문이다. 이 사람은 성전에서 치료를 받는 데 필요한 연보를 할 돈이 없었다. 이 사람은 이중으로 성전에서 배제되었다. 그 때문에 하나님의 임재하심과 그분의 공동체에 참석하는 것에서 배제되었다. 이 사람에게는 하나님과, 그리고 그분의 백성과 교제하는 가운데 충만한 삶을 살아갈 수단이 하나도 없다.

그래서 사도들은 (성전의 권위 밖에서 이 걸인을 치료함으로써) 당시의 종교 규례를 피하고 있었다. 그뿐만 아니라 마치 장애인 같던 성전 경제 제체도 뒤엎었다. 이 장애인("받을 자격이 없는"이라고 읽으라) 걸인이 값없이 치료받았다! 사도들의 말과 행동은 예수께서 성전에서 돈 바꾸는 자들의 상을 뒤엎으신 것과 맞먹는다. 여기서 은혜는 종교적 위협뿐만 아니라 경제적 위협으로도 작용한다.

2) 갈등의 성격

종교적 관점에서 보면, 사도들은 성전 지도부의 승인 없이 가르치고 병 고치는 사역을 진행했다. 이들은 성전 지도부의 승인 대신 예수의 권위에 근거를 두었다. 경제적 관점에서 보면, 사도들은 어떤 이들은 환영하고, 어떤 이들은 배제하는 성전의 불공평한 체제를 뒤엎었다. 사도들의 삶은 철저히 은혜와 자비와 환대의 삶이었다.

그러나 분명히 하자. 사도들은 어떤 정치적 안건이 아니라 **예수의 이름**에 기반을 두고 행동했다. 사도들이 이같이 행동한 것은 하나님을 향한 충성에 관한 한 예수께서 성전을 대신하시며, 대체하시기까지 한다는 것을 상징적으로 말한다. 이들의 메시지, 즉 복음이 바로 이것이다. 예수 그리스도의 부활 안에서 하나님이 오래 기다리시던 구속과 새 창조가 시작된 것이다. 예수 그리스도를 십자가형에 처하기 위해 로마인들에게 넘겨줄 때 성전 지도부는 이런 메시지를 놓쳐 버렸다. 이제 성전 지도부는 자기들에게 하나님을 향한 충성이 없다는 주장에 직면하고 있다. 사람들은 하나님을 향한 충성이야말로 성전 지도부가 전문이라고 여겼다. 성전 지도부야말로 바로 그 일을 맡은 이들이라고 여겼던 것이다. 그런데 이들의 권세가 비판받고 있었다(행 4:7 참조). 그러나 이들이 그 비판을 받아들이려고 하지 않아 초대 교회에 갈등이 뒤따랐다.

3) 갈등에 대한 교회의 대응

베드로와 요한은 극심한 압력을 받고 있었다. 사실상 "도무지

> 예수 그리스도의 부활 안에서 하나님이 오래 기다리시던 구속과 새 창조가 시작되었다.

예수의 이름으로 말하지도 말고 가르치지도 말라"(행 4:18)라는 직접적 명령을 받았기 때문이다. 교회를 둘러싸고 있는 문화가 교회로 하여금 예수 그리스도에 대해 침묵하게 하고 싶어 하는 시대와 장소는 늘 있었다. 교회가 회개와 삶의 변화를 요구하는 경우에는 특히 더 교회를 침묵시키고자 했다. 이 점에서 초대 교회와 오늘날 교회는 기막힐 정도로 비슷하다. 베드로와 요한은 어떻게 대응하는가?

첫째, 이들은 예수 그리스도를 향한 충성이 지상 권력자들의 기대에 부응할 필요성보다 훨씬 더 중요하다는 것을 깨달았다(행 4:19-20). 둘째, 이들은 이 갈등을 더 잘 파악하기 위해 전체 기독교 공동체로 이 문제를 가져왔다(행 4:23-31). 전체 기독교 공동체는 베드로와 요한의 행동이 옳다고 확인해 주었고, 그런 후에 함께 하나님을 찬양하며 감사를 올렸다. 성령께서는 그들이 자신들을 침묵시키려는 문화의 압력을 견딜 수 있도록 돌보셨다.

이러한 갈등이 사도들이 예수 그리스도를 선포한 방법 때문이 아니라 예수 그리스도가 누구냐는 것 때문에 일어났다는 점을 주의하라. 그리스도인들은 불신자들이 기독교의 방법론을 반대하는 것을 예수 자체를 반대하는 것으로 오해하는 경우가 많다. 모든 시대에 걸쳐 교회에 중요한 것은 예수 그리스도를 선포하되,

예수 그리스도를 전하는 데 사용한 방법 때문이 아니라 예수 그리스도에 대한 메시지 때문에 세상의 반대를 일으키는 방식으로 선포해야 한다는 것이다.

> 모든 시대에 걸쳐 교회에 중요한 것은 예수 그리스도를 선포하되, 예수 그리스도를 전하는 데 사용한 방법 때문이 아니라 예수 그리스도에 대한 메시지 때문에 세상의 반대를 일으키는 방식으로 선포해야 한다는 것이다.

4) 갈등의 결과

이 처음 갈등으로 인해 초대 교회와 성전 지도부 사이에는 더 크고 격렬한 갈등이 일어났다. 단 한 장(행 5장) 안에서 갈등은 체포와 심문과 위협에서 적극적인 박해로 바뀐다. 예수 그리스도를 향한 충성은 안락한 생활이나 성공을 보장해 주지 않는다. 처음에는 예수를 따르는 자들을 유대교의 골치 아픈 분파로 봤지만, 유대교와 기독교 사이에는 불가피하게, 또 엄연히 균열이 생겼다(행 3-4장). 사도행전 8장에 따르면, 유대교 지도부는 집집마다 돌아다니며 사전에 그리스도인들을 찾아내서 잡아들이고 있다. 이들은 유대 전령들을 고대 전역에 있는 디아스포라 공동체로 보내어 그리스도인들에 대해 주의를 주었다. 그리고 사도행전이 전개됨에 따라 우리는 유대교 지도자들이 로마 당국과 결탁하여 그리스도인들을 강경하게 제거하려고 하는 것을 목격한다. 사실상 그 모든 과정에 드러난 갈등 덕분에 예수 그리스도 안에서 초대 교회의 정체성과 사명이 견고해진다.

5) 갈등을 통해 하나님과 복음에 대해 드러나는 것

사도들은 예수 그리스도가 이스라엘을 향한 구약 약속의 성취이며, 그러므로 예루살렘 성전과 성전의 희생 제사 제도를 대체하신다고 믿었다. 이스라엘의 메시아로서 예수 그리스도가 하신 희생으로 인해 성전과 성전의 희생 제사 제도가 필요 없게 되었다. 하나님의 언약 안에 있는 모든 제도의 목적을 예수 그리스도의 사역이 성취하였고, 하나님 백성에게는 예수 그리스도를 통해 그분의 성령 안에서 용서와 회복이 가능해졌다. 이제 하나님은 그의 백성 가운데 임재하시며, 성령께서 그들 가운데 거하신다.

우리는 이 갈등을 통해 예수 그리스도가 온 세상의 주이심을 배운다. 그리고 예수 그리스도는 교회를 이끄셔서 그의 주 되심이라는 메시지를 놓고 세상과 싸우게 하신다. 교회는 그 메시지를 들고 다양한 은사와 일을 통해 온 세상 속으로 들어가라는 부르심을 받았다. 그리스도인의 충성스러움이 중요하기는 하지만, 바로 예수 그리스도가 몸 된 교회의 머리시며, 그분의 창조를 새롭게 하고, 그의 백성을 용서하며, 택자들을 회심시키고, 모든 것을 회복시키는 것은 바로 그분이 계획하신 일이다. 궁극적으로 구속 사역은 하나님의 사역이다.

결국 이런 갈등을 통해 우리는 교회의 본질을 배운다. 교회는 우연히 만난 사람들의 집단이 아니다. 오히려 교회는 성령께서 주신 믿음으로 함께 묶인 유기적 공동체다. 이 점이 중요한 이유는 현대 그리스도인 중에는 매우 개인주의적인 문화 속에서 살아가는 사람들이 많기 때문이다. 교회가 다수의 지역 공동체와 교파 안에 존재할 수 있지만, 하나님이 구속하신 공동체이기에 교회는 하나님의 영으로 결합된 한 가족으로서 민족, 문화, 언어, 경제, 정치의 경계선을 초월한다. 교회는 세상에 존재하는 하나님 나라의 표지다. 교회는 복음 선포에서 기쁨을, 성령의 임재에서 용기를, 상충하는 모든 주장에 맞서 그리스도를 지지하며 확신을 경험하는 공동체다.

교회와 로마 제국의 갈등(행 10장)

현대 세계에서는 종교 갈등이 정치 갈등으로 자주 비화된다. 고대 세계에서도 사정은 같았다. 초대 교회는 한편에서는 유대교 지도부와, 다른 한편에서는 로마 당국과 싸워야 했다. 사도행전 10장에서, 우리는 로마 점령 아래 있는 유대인의 관습과 거기서 빚어진 갈등을 교회가 처리하는 모습을 어렴풋이 본다.

사도행전 10장은 사도 베드로와 로마 백부장 고넬료에 대해 들려준다. 베드로는 로마 점령 아래 있던 교회를 대표하며, 고넬료는 그런 점령군의 유력 인사다. 하나님의 영이 이 두 사람의 삶에 비전과 목표를 가지고 밀고 들어가셔서, 유대인과 이방인, 정결과 부정, 이스라엘과 로마, 기독교의 복음과 로마의 군사적 우위 사이에 있던 경계선을 잘라 내셨다. 사도행전에 교회와 로마 제국 간 갈등에 대해 비극적 이야기가 많이 나오는 것과 달리, 사도행전 10장에는 완전히 깔끔하지는 않아도, 고무적인 해답이 들어 있다.

1) 갈등의 원인

언뜻 보기에 사도행전 10장에는 심각한 갈등이 전혀 보이지 않는다. 그러나 좀 더 면밀히 들여다보면 이 만남의 배경에서 계속되는 중요한 갈등이 보인다. 결국 힘에 대한 갈등, 즉 복음의 힘과 로마 제국의 정치 · 군사 · 경제 · 문화의 힘 사이의 갈등이다. 압제받는 자와 압제자 사이의 갈등이다.

누가는 사도행전 10장을 어떻게 읽어야 할지를 보여 주는 다수의 암시를 제공한다. 10장 1절에서는 고넬료가 로마 군대 장교인 백부장이라는 것을 알려 준다. 그러나 거기에 더해 고넬료는 가이사랴(직역하면 "가이사의 도시")에 주둔한 "이달리야 부대"(특수 군대 사단) 백부장이다. 누가는 고넬료를 힘을 가진 사람으로, 즉

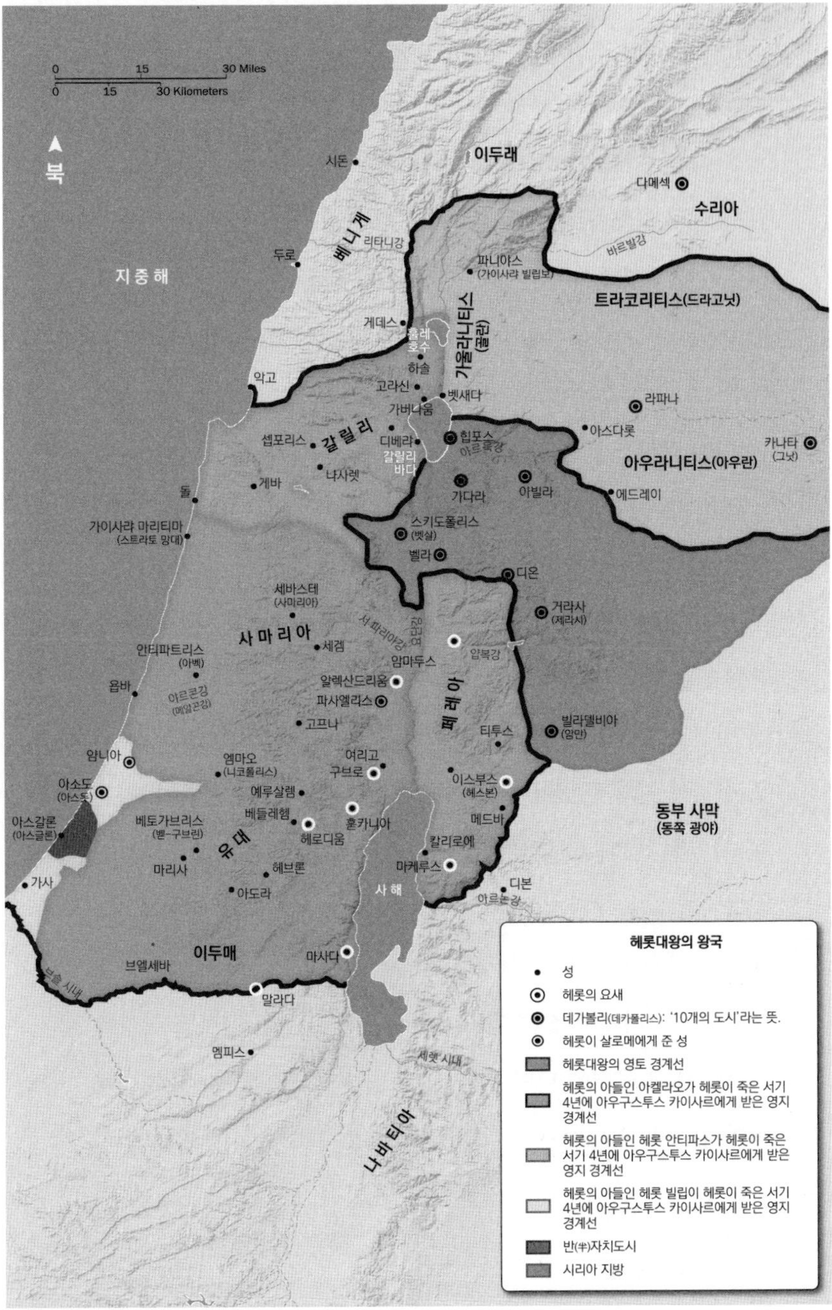

0 15 30 Miles
0 15 30 Kilometers
북
시돈
이두래
다메섹
수리아
베니게
리타니강
두로
지중해
바르발강
파니아스
(가이사랴 빌립보)
트라코리티스(드라고닛)
가울라니티스
(골란)
게데스
훌레 호수
하솔
악고
고라신
벳새다
가버나움
라파나
갈릴리
셉포리스
디베라
힙포스
아스다롯
카나타
(그낫)
야르묵강
갈릴리 바다
나사렛
아우라니티스(아우란)
게바
가다라
아빌라
에드레이
돌
스키도폴리스
(벳산)
가이사랴 마리티마
(스트라토 망대)
벨라
디온
세바스테
(사마리아)
거라사
(제라시)
서 파라아강
요단강
사마리아
세겜
얍복강
안티파트리스
(아벡)
암마두스
욥바
알렉산드리움
아르콘강
(메알곤강)
파사엘리스
베레아
고프나
티투스
빌라델비아
(암만)
암니아
엠마오
(니코폴리스)
여리고
구브로
아소도
(아스돗)
예루살렘
이스부스
(헤스본)
베들레헴
동부 사막
(동쪽 광야)
아스갈론
(아스글론)
베토가브리스
(벧-구브린)
훌카니아
메드바
유대
헤로디움
칼리로에
마리사
헤브론
마케루스
가사
디본
사해
아도라
아르논강
이두매
마사다
브엘세바
브솔 시내
말라다
멤피스
세렛 시내
나바티아
헤롯대왕의 왕국
성
헤롯의 요새
데가볼리(데카폴리스): '10개의 도시'라는 뜻.
헤롯이 살로메에게 준 성
헤롯대왕의 영토 경계선
헤롯의 아들인 아켈라오가 헤롯이 죽은 서기 4년에 아우구스투스 카이사르에게 받은 영지 경계선
헤롯의 아들인 헤롯 안티파스가 헤롯이 죽은 서기 4년에 아우구스투스 카이사르에게 받은 영지 경계선
헤롯의 아들인 헤롯 빌립이 헤롯이 죽은 서기 4년에 아우구스투스 카이사르에게 받은 영지 경계선
반(半)자치도시
시리아 지방

군사를 보내고 소환하고 명령하고 지시하고 지휘할 힘을 가진 사람으로 묘사한다. 그와 반대로 사도행전 10장 5-6절은 대도시에서 떨어져 도시의 영향력이 미치지 않는 바닷가에 사는 베드로를 묘사한다. 바닷가는 사회 주변부의 모습을 잘 드러내는 곳으로 물고기가 썩으면서 내는 죽음의 악취가 툭하면 콧속으로 들어온다(그래서 베드로는 부정하게 되어 예루살렘 성전 예배에 참석하지 못했을 것이다). 로마 제국 권력의 관점에서 보면 베드로는 명령에 순종하는 데만 알맞은 그런 사람으로 묘사된다.

로마 제국은 팔레스타인에서 이교도이자 이방인인 외국 세력이었다. 로마인들은 여호와의 거룩한 땅에 있는 우상 숭배자였다. 로마의 팔레스타인 점령은, 이스라엘 백성이 약속의 땅을 정복했음에도 불구하고 그 땅을 차지하지도 못하고, 과거 수 세대에 걸쳐 예언자들이 전한 말씀에 주의를 기울이지 않은 것에 대한 장기적 결과를 보여 준다. 초대 교회가 유대교에서 나왔고, 유대교는 유대인과 이방인 사이에 엄격한 구별이 있다고 주장하는 신앙이기에, 교회는 이러한 역사 · 정치 상황(다시 말해, 적군 로마가 자기들을 괴롭히는 상황)을 설명할 방법을 다루기 시작했다.

그러나 여기에서 질문 범위가 넓어지면 극심한 정치적 강압에 직면한 종교 규정에 대한 것에 그 질문이 머무르지 않게 된다. 교회가 낯설고 적대적인 세상의 수많은 권력에 어떻게 대응할 것이냐는 질문을 하게 된다. 교회는 예루살렘 지도부와 똑같이 무장 폭동까지도 가능한 분리와 증오의 자세를 취할 것인가? 아니면 다른 유대교 분파처럼 무력 저항을 시작할 것인가? 베드로와 고넬료 사이에 있는 힘의 불균형은 압제자와 압제받는 자가 가질 법한 관계를 위한 배경이 된다.

2) 갈등의 성격

이 갈등은 힘과 관련이 있다. 로마 제국은 현재의 특정 상황을 (심지어 교회에도) 강요할 실권을 쥐고 있는 것으로 보인다. 거기에서 빠져나올 방법은 없어 보인다. 그러나 이 사실로 인해 우리는 더 심각한 질문을 할 수밖에 없다. 교회는 어떤 힘을 행사하는가? 교회의 힘은 로마 제국의 힘과 같은 종류인가? 교회의 힘은 취하는 형태만 로마 제국의 힘과 다를 뿐인가?

교회와 로마 제국의 힘이 같은 종류라면, 이야기는 끝이다. 이런 갈등이 순전히 힘 싸움이라면 로마는 교회를 짓뭉개 버릴 것이다. 그런 싸움이 아니라면-교회에 제국과는 비길 수 없는 힘이 있다면-하나님과 함께하는 새로운 미래가 가능하다.

누가는 시종일관 베드로를 복음 설교자로 제시한다. 그 이상도, 그 이하도 아니다. 그리고 누가가 암시한 것과 역사를 통해 우리는 로마 제국이 소수의 편하고 사치스러운 삶을 위해 다수를 압제한 잔혹한 정권이었음을 알 수 있다. 그렇지만 사도행전 10장에서 우리는 베드로와 고넬료 모두 '주'라 불리는 통치자를 따르겠다고 주장하는 것을 목격한다. 가이사와 예수 그리스도 모두 자신을 그 호칭으로 불렀다. 고넬료에게는 돈, 힘, 수단이 있었다. 베드로에게는 예수께 받은 메시지가 있었다. 필요한 것은 손가락 하나만 '딱' 하고 튕기면 모두 가질 수 있는 고넬료에게 도대체 복음이 무엇을 줄 수 있었는가?

그 대답은 이 두 사람 사이에 있는 갈등의 본질에 가닿는다. 이 갈등은 누구의 힘의 형태가 하나님의 창조에 충실한지와 관련이 있다.

3) 갈등에 대한 교회의 대응

교회는 힘의 불균형에 전혀 굴하지 않고, 복음 선포를 통해 표현되는 믿음으로 대답한다. 베드로는 초대 교회 사도로서 로마 제국의 힘을 제국의 방식대로 대응하려고 하지 않는다. 그러나 베드로는 복음의 메시지를 고넬료가 마음에 들어할 만한 것으로, 수긍할 만한 것으로, 또는 매력적이라 할 만한 것으로 예상해서 바꿔 놓지도 않는다. 고넬료 집에 처음 방문한 베드로가 무례할 수도 있는 말을 한 것에 주목하라(행 10:28-29). 이것은 홍보나 유인 행위가 아니다. 베드로는 증인이지 영업 사원이 아니다. 사도행전 10장에 나오는 만남의 시작부터 마지막까지 조성되고 있는 긴장이 느껴지는가?

고넬료의 집에서 베드로가 한 설교의 핵심은 사도행전 10장 38절에 있다. "하나님이 나사렛 예수에게 성령과 능력을 기름 붓듯 하셨으매 그가 두루 다니시며 선한 일을 행하시고 마귀에게 눌린 모든 사람을 고치셨으니 이는 하나님이 함께하셨음이라"라는 메시지다. 이 구절은 베드로가 한 설교의 중심에 있으며, 두 개의 힘에 대한 언급을 담고 있다. 그중 한 힘은 대다수 영어 역본에서 누락되었지만 말이다.

베드로가 먼저 언급한 "성령의 능력[힘]"은 예수께서 세례 받으실 때 부어졌다. 이것은 예수 그리스도가 구약에서 예언한 기름 부음 받은 자, 즉 메시아이심을 명확하게 언급한 것이다. 그러나 이 구절에서 힘에 대한 두 번째 언급은 "압제받는"[5]으로 번역된다. 이 단어는 앞서 성령의 능력을 언급할 때 사용한 헬라어 단어에서 유래했다.[6] 하지만 여기에서는 부정적인 의미로 쓰여 부정적인 면을 두드러지게 전달한다. 그리고 베드로는 이것을 마귀의 힘이라고 말한다. 바로 예수께서는 고치시고, 자유하게 하시

---

5 역주 - oppressed, 한글 개역 개정에서는 "눌린"으로 옮겼다.

6 역주 - "성령과 능력으로"에서 '능력'(power)은 헬라어 '**뒤나**미스'(δύναμις)의 번역어이고, "마귀에게 눌린"에서 '눌린'(oppressed)은 '카타**뒤나**스튜오'(καταδυναστεύω)의 번역어다.

교회는 상황에 따라 복음, 즉 타락한 인류가 직면한 모든 문제에 말을 건넬 수 있는 복음을 선포함으로써 담대하게 믿음으로 대답했다.

는 능력을 통해 마귀의 힘을 무력화하셨다.

베드로는 마귀가 지배하는 힘에 대해 말하면서 누구를 염두에 두었을까? 유대 전역을 압제하고 있는 가이사와 로마 제국을 생각했을 것이다. 베드로가 눈에 보이지 않는 힘 사이의 영적 전투에 대해 말하고 있는 것만은 아니다. 베드로는 고넬료의 수준으로, 즉 실제로, 역사상, 구체적으로 나타난 선과 악의 세력의 수준에서 말하고 있는 것이다. 그래서 베드로는 고넬료에게 예수께서 성령의 능력 안에서 그를 (마귀와 한편인 생활양식인) 로마 제국의 규칙과 삶이라는 압제에서 벗어나게 해 주실 것이라는 메시지를 전한다. 고넬료가 회개하고 이 좋은 소식을 믿으면 가능한 일이다. 그가 평생 충성할 대상을 바꾸기만 한다면 그렇게 될 것이다.

이와 같이 교회는 힘의 역학 관계에 대해 뒷걸음질 치거나 방어태세를 갖추지 않았다. 또한 당대의 곤란한 정치 쟁점에 대해 한 발 물러서는 것으로 대답하지 않았다. 오히려 교회는 상황에 따라 복음, 즉 타락한 인류가 직면한 모든 문제에 말을 건넬 수 있는 복음을 선포함으로써 담대하게 믿음으로 대답했다. 힘을 사용하여 다른 이들을 압제하고 지배하는 세상 권력은, 하나님이 세상을 평화와 정의와 공의가 가득한 곳이 되도록 창조하셨다는 사실을 완전히 거스른다는 것이 고넬료나 로마나 어떠한 제국에게든 복음이다. 그러나 다른 대안도 있을 수 있다. 사실상 그러한 대안은 이미 존재한다. 그 대안은 인간의 반역성을 고치시고, 풍성하고 충만한 삶으로 인도하시는 예수 그리스도를 통해 가능하다. 베드로는 죽음과 마귀가 역사상 구체화된 모습으로 존재하는 곳에서 주저하지 않고 죽음과 마귀의 이름을 말한다. 그러나 베드로는 하나님께서 성령을 통해 회심의 역사를 일으키시도록 구속적인 태도로도 대응한다. 교회의 선포를 들은 고넬료가 이제 할 수 있는 선택은, 하나님께 반역하는 상태로 마귀의 지배 아래 머물러 있느냐, 아니면 성령의 능력을 통해 충성의 대상을 바꾸고 하나님이 뜻하신 인간의 진정한 삶을 접하느냐 하는 것이다.

4) 갈등의 결과

베드로는 자신의 부르심을 충성스럽게 감당했으며, "베드로가 이 말을 할 때에 성령이 말씀 듣는 모든 사람에게 내려"오셨다(행 10:44). 이 갈등의 결과는, 하나님이 그 모임 가운데로 불쑥 들어오셔서 교착 상태를 끝내시고, 전에는 꽉 막혀 있던 경계선을 넘어 구속과 회심과 교제를 선언하신 것이다.

누가가 베드로의 선포와 고넬료의 회심의 결과를 전하는 데 사용한 단어는 몇 개 안 되지만, 그 몇 개 단어가 초대 교회 역사에서 펼쳐지는 놀라운 변화를 보여 준다. 첫째, 교회가 공식적으로 이방인들을 동료, 곧 하나님의 백성으로 환영한다(행 11장). 현대를 살아가는 우리는 유대인과 이방인 사이에 있던 유대교의 오래된 경계선이라는 부조리를 이해하지 못할 수도 있지만, 성령께서 복음을 통해 그 경계선을 기가 막히게(무모하게) 넘어가신 것이다.

둘째, 누가가 사도행전이라는 이야기에서 이 지점에 이르기까지 정말 말하고자 했던 것이 최초로 성취된다. 누가는 복음이 널리 전파되어 온 세상을 변화시키는 것을 말하고자 했다.

셋째, 베드로와 고넬료의 만남은 팔레스타인을 넘어 이방 땅을 향한 바울의 선교 여행을 미리 보여 준다. 그리고 그 길을 열어 준다.

마지막으로, 이 단락은 우리에게 사도행전은 복음의 메시지가 로마 제국의 심장부인 수도에 가닿을 때 마무리됨을 알려 준다(행 28:30-31 참조). 유대인인 베드로가 가이사랴에 있는 고넬료에게 복음을 전하기 위해 간 것처럼, 유대인인 바울도 복음을 전하기 위해 이방 세계의 심장부로 갈 것이다. 이들이 전한 말씀을 통해 로마 제국의 약함과 어리석음이 드러난다. 마침내 하나님은 압제받는 이들에 대한 로마 제국의 지배를 그분의 은혜와 사랑으로 뒤엎는다.

5) 갈등을 통해 하나님과 복음에 대해 드러나는 것

로마 제국의 힘과 복음의 힘은 상당히 다르다. 이 갈등을 통해 복음의 힘이 정부의 정치력 및 군사력과 구별된다. 교회가 복음을 선포하는 힘은 로마의 힘을 모방하는 능력에 있지 않다. 복음 선포의 힘은 압제 아래 있는 자들을 자유롭게 하시며 고치시는 유일하신 하나님을 보여 주는 능력에 있다. 흔히 교회는 다른 사회 제도나 권력 기관에 허락된 힘을 몹시 탐내거나 추구할 때 어려움에 빠진다. 이것은 순전히 복음 안에서 믿음이 부족하기 때문이다. 예수 그리스도가 참으로 모든 것의 주이심을 선포할 용기가 없는 것이다.

그러나 베드로와 고넬료의 갈등을 통해 복음 선포가 교회의 삶에서 중요한 역할을 한다는 것이 드러난다. 복음 선포는 가능한 경우에만 교회 사역에 덧붙이는 멋진 조연이 아니다. 복음 선포는, 교회가 다른 일들에 의지하여 생명과 사역을 유지할 수 있을 때까지 교회를 앞으로 밀어 주기 위한 보조 로켓(booster rocket)이 아니다. 아니, 복음 선포가 바로 교회의 생명 유지에 필요한 혈액이며, 예수님이 그분 백성 가운데 거하시는 수단이다.

베드로는 고넬료를 만났을 때 중대한 유혹에 맞닥뜨렸다. 진짜 복음을 고넬료에게 더 매력 있게 보이고 싶은 마음에 가짜와 맞바꾸고자 한 것이다. 오늘날 교회도 이런 유혹에 맞닥뜨리는 경

모든 그리스도인들은 선교사다. 기독교는 선교하는 신앙이기 때문이다.

우가 흔하다. 교회를 세우고, 더 효율적으로 관리하는 데 도움을 준다고 주장하는 술책이 많다. 그러나 이 같은 생각이 교회의 시간과 주의, 노력과 자원을 독차지하면, 복음 선포를 위해서는 무엇이 남는가? 복음에 기초를 두지 않으면, 교회 사역 역시 압제의 근원이 될 수 있다.

결국 우리는 교회 선교 활동이 개인을 향해 있을 때조차도 더 넓은 사회적, 제도적 맥락을 항상 염두에 두어야 한다는 것을 배운다. 복음 선포는 개인을 위한 것만은 아니다. 온 세상, 곧 공동체와 제도와 문화를 결정짓기 위한 것이다. 기독교 신앙은 신자들을 이끌어 온갖 무대에서 활동하는 사람들과 가까이 만나 함께 일하도록, 세상 속으로 들어가게 해야 한다. 이데올로기 신봉자들과 우상 숭배자들은 개인 차원에서만 존재하는 것이 아니라 사회 제도 차원에서도 존재한다. 이들은 모두 자유를 주시는 예수 그리스도의 은혜를 만나야 하는 자들이다.

모든 그리스도인들은 선교사다. 기독교는 선교하는 신앙이기 때문이다. 기독교는 안전 장벽 뒤에 은둔하거나 숨어서 사는 신앙이 아니다. 오히려 기독교는 모든 사회와 문화의 유력 인사들 바로 앞에 공개된다. 그리고 교회는 이같이 **포괄적인** 복음을 선포하라고 부름을 받았다. 또한 다른 이들이 복음을 담대히 선포할 수 있게 준비시킬 사명을 받았다.

교회의 내부적인 갈등(행 5장)

내가 한때 목회하던 교회에서 어느 날 성도 한 명이 내게 와서 교회의 어느 대가족이 서로 전혀 말을 하지 않고 지낸다고 알려주었다. 수십 년 전에 이 가족의 나이 든 세대가 세상을 떠났고, 재산이 불공평하게 분배되었다. 혹은 그렇다는 주장이 제기되었다. 20년이 흐른 뒤에도 그 일이 여전히 가족을 갈라놓고 있었다. 화해는 전혀 없었으며, 앞으로도 없을 듯했다. 불행한 것은 이와 같이 돈 때문에 일어나는 갈등이 중산층 교회에서는 너무 흔하다는 것이다.

초대 교회 역시 오염되지 않은 믿음과 서로 간의 사랑이 있는 유토피아는 아니었다. 초대 교회 성도들에게도 돈으로 인한 갈등이 있었다. "믿는 사람이 다 함께 있어 모든 물건을 서로 통용"했다는 사도행전 2장 44-47절 이야기는 예외이지 원칙이 아니다. 아나니아와 삽비라의 기만행위에 대한 잊을 수 없는 이야기인 사도행전 5장은 교회가 내부에서 경험한 갈등의 한 가지 사례에 불과하다. 그러나 오늘날과 마찬가지로 돈은 표면상 문제일 뿐이며, 진짜 문제는 교회의 더 깊숙한 중심에 있다. 그리고 교회의 영적 삶에 존재하는 심각한 갈등이 때로는 생사가 걸린 문제가 된다.

1) 갈등의 성격

갈등의 성격이 무엇인지 알아보려면, 우리는 구약에 나오는 두 가지 중요한 이야기를 떠올려야 한다. 사무엘하 6장(언약궤를 옮기는 중에 웃사가 죽음)과 역대하 26장(웃시야 왕이 성전에서 제멋대로 제사를 드리려고 한 후에 죽음)이 그것이다. 두 이야기 모두 '교만'이라는 문제가 달려 있다. 웃시야는 교만했다. 그는 경건과 예배를 위한 중재자인 성전 제사장들이 자기에게는 필요 없다고 생각했다.

이 두 이야기를 생각하면, 사도행전 5장을 이해할 수 있다. 교회는 앞서 있던 언약궤와 성막, 성전처럼 세상에 하나님을 보여주는 존재다. 이제 하나님은 금으로 만든 상자나 금으로 덮은 성전에 거하시지 않으며, 그의 백성 가운데 성령으로 거하신다. 그러므로 마치 교회가 그저 인간의 또 다른 공동체에 불과한 듯이 교회를 속이는 것은 거룩한 땅을 아무 생각 없이 밟는 것이다. 자기를 교회보다 높은 곳에 두는 것은 자기를 하나님보다 높은 곳에 두는 것이다. 그 안에 아나니아와 삽비라의 비극적 결말이 들어 있다.

2) 갈등에 대한 교회의 대응

베드로가 사형을 집행하지 않는다는 것을 눈여겨보는 것이 매우 중요하다. 아나니아와 삽비라는 베드로의 질책을 듣고 "엎드

러져 혼이 떠"났다(행 5:5, 10). 누가의 이 표현에는, 그 일을 전적으로 하나님이 하셨음을 넌지시 알리려는 의도가 담겨 있다. 교회가 사도 베드로를 내세워 그들의 거짓말을 인지했지만, 판결 집행은 주께서 하셨다.

이런 구별이 매우 중요하다. 교회가 부당하게 취급당하는 것을 감지할 때-혹은 실제로 그런 취급을 당할 때-교회 내부에서는 그 부당함을 확인할 뿐만 아니라 합당한 처벌을 실행하고 싶은 충동이 일어난다. 사도행전 5장은 아나니아와 삽비라가 나쁜 행동을 했지만, 그 귀결을 판단할 책임이 교회에는 없었다는 것을 보여 준다. 교회는 오히려 예수님처럼 그 악행을 받아들이고 겪으며, 판단과 벌은 하나님께 맡긴다. 부당한 취급을 받은 이들이 더 심한 해나 학대를 받지 않도록 보호하는 당연한 결과가 없다는 말이 아니다. 그러나 교회는 교회를 하나님과 동일시하거나 하나님이 하실 일을 지레짐작해서는 안 된다. 교회가 부당한 취급을 받을 때, 자체의 신념에 따라 일종의 성전(聖戰)을 벌이면 치유하기보다는 부당함을 고착화하기가 더 쉽다.

3) 갈등의 결과

즉각적인 결과는 "온 교회와 이 일을 듣는 사람들이 다 크게 두려워"한 것이다(행 5:11). 누가가 여기에 '두려움'을 삽입한 이유는 무엇인가? 사도행전 1-4장 전체에서는 놀라운 일들이 일어났다. 성령이 오셨고, 수천 명이 예수 그리스도에게 돌아왔다. 사람들이 고침을 받고, 당국은 저항을 받았다. 교회는 기쁨이 가득하여 살아갔다. 그런데 이런 일들이 얼마나 잘못된 태도로 이어질 수 있는지 상상하기는 어렵지 않다. "우리가 하고 있는 일들을 보라! 우리가 세상을 다 뒤집어엎고 있다!" 이런 식으로 의기양양하게 말할 수 있다. 이런 말은 "우리는 정말 대단해!"라는 말과 크게 다르지 않다. 그러고 나면 현관문 밖으로 안내받았던 교만이 다시 뒷문을 통해 슬그머니 들어온다.

이런 태도는 예수 그리스도를, 우리가 직접 만들어 가고 있는 세상에서 우리의 바람이나 목적을 이루기 위해 우리가 통제하는 힘이나 우리가 사용하는 도구로 바꾸어 버린다. 아나니아와 삽비라 이야기는 새로운 피조물인 교회가 예수 그리스도께 속해 있으며 존경과 경외를 담아 그분을 대해야 하는 공동체임을 상기시킨다. 이러한 존경과 경외는 교회 지도부를 향한 것이 아니라, 그들 가운데 계신 예수 그리스도의 영을 향한 것이다. 교회는 인간의 업적이 아니다. 하나님이 세상에서 하신 구속 활동의 결과다. 그런 신적 활동은 만물을 다시 새롭게 하고 구속하였기에 합당한 존중을 받을 만하다. 그렇지 않다면 우리는 자신이 누구를 대하고 있는지 망각할 수도 있다. 사실 우리는 자기도 모르게 수많은 죄를 이런 식으로 정당화하고 있다. 여기에 나오는 두려움에 유의한다면 “우리 주위에서 일어나는 이 놀라운 일들을 보라!”가 “우리는 정말 대단해!”로 변하지는 않을 것이다.

4) 갈등을 통해 하나님과 복음에 대해 드러나는 것

사도행전 5장은 하나님이 복음을 통해 다루시는 인간의 죄악성이 얼마나 깊고 복잡한지 드러내 준다. 하나님을 대적하는 인간의 반역은 악랄한 대규모 집단학살 행위나 횡령 행위, 인신매매에서뿐만 아니라, 죄악된 마음에서 흘러나온 자잘한 동기나 행동에서도 목격된다. 이런 일들이 그리스도인 가운데서 위험한 자기기만을 드러낼 수 있다. 때로는 하나님을 대적하는 반역이 감지하기 힘들 정도로 희미해서 우리는 자신에게조차도 진짜 동기를 숨길 수 있다. 마음이 부패한 백성이기에, 그릇된 동기에서 나온 경건 행위와 관련된 죄는 묵인해 버리기 십상이다. 하나님은 은혜 가운데 역사하심으로써 우리 안에 있는 이런 반역조차도 다루시고 고치신다.

그러나 사도행전 5장에서 우리가 배우는 것은, 우리가 삶을 제멋대로, 자기 위주로 구분하는 일이 여전히 흔하다는 것이다. 이런 갈등은 우리의 교회 생활과 경제생활이 사실상 긴밀하게 연결되어 있다는 것을 드러내 준다. 예수께서 우리를 부르실 때 우리

존재의 한 부분(예를 들어, 우리의 '마음')만 예수를 따르고, 나머지 부분(예를 들어, 우리의 금융거래)은 제자로의 부르심과는 벽을 세워 분리해 두라고 하지 않으셨다. 우리의 신앙 상태는 삶 전체에서 드러나는 것이지, 모서리가 닳아 버린 성경책이나 예배하며 손을 들어 올리는 것에서만 드러나는 것이 아니다. 이것은 특히 북미 중산층들에게 도전이 될 수 있는데, 이들은 소유가 넉넉한 안락한 삶을 살고 있기 때문에 자기들이 누리는 특권에 눈이 멀어 짓밟히는 이들을 위한 정의를 간과하는 데 이르게 된다. 모든 것의 주인이신 분을 따르는 이에게는 모든 것이 중요하다.

마무리를 하며, 누가가 누가복음(제1권) 처음부터 사도행전(제2권)을 시작하는 장에 이르기까지 줄곧 주장해 온 것을 사도행전 5장에서 어떻게 요약하는지 살펴보기를 권한다. 한때 이 세상에서는 언약궤나 예루살렘 성전에 자리했던 하나님의 임재가 이제 나사렛 예수의 성육신으로 나타났다. 예수께서 승천하시고 교회에 그분의 영을 부어 주심으로 이제 교회는 세상에서 유일무이한 단체가 되었다. 교회는 두 가지 방식으로 존재한다. 성직자로 임명된 지도부 아래 모인 공동체로 존재하기도 하고, 삶의 전반에서 복음의 증인이 되고자 하는, 보냄을 받고 흩어진 단체(개개인이나 자발적으로 구성된 조직)로서 존재하기도 한다. 교회는 기본적으로 사교 모임도, 정의 옹호자도, 시민의 도덕 경찰도, 심지어 인도

주의 기구도 아니다. 교회 공동체 안에 세상의 창조자이시고, 구원자이시며, 보존자이신 하나님이 현재 적극적으로 임재하신다. 이런 공동체 안에 거하면서 대수롭지 않다는 듯이 경솔하게 하나님을 속이려 하는 것은 참으로 참담한 일이 아닐 수 없다.

> 한때 이 세상에서는 언약궤나 예루살렘 성전에 자리했던 하나님의 임재가 이제 나사렛 예수의 성육신으로 나타났다.

| 읽어 볼 글들 |

- 이사야 60-61장
- 사무엘하 6장
- 역대하 26장

| 생각해 볼 질문 |

01 교회는 현재 정부 당국이 삶과 사회에 대해 정한 규칙에 어떻게 의문을 제기하는가? 오늘날 교회는 권력에 대한 선지자적 비판을 어떻게 행사해야 하는가?

02 사도행전에서 교회는 유대교 성전 지도부와 갈등을 겪고 있다. 그러나 오늘날 교회가 주로 겪는 종교 갈등은 그런 것이 아니다. 오늘날 교회를 가장 크게 위협하는 것은 새로운 종교와 세계관이다. 우리는 교회와 유대교의 갈등에서 다른 세계관과의 상호 관계와 관련해 무엇을 배울 수 있는가?

03 고넬료에 대한 베드로의 사역을 오늘날의 교회 사역과 비교하고 대조해 보자. 여러분의 교회는 어리석음과 약함을 통해 역사하시는 하나님의 능력 안에 안전히 거하고 있는가? 아니면 교회 밖 세상을 좇아 권력을 행사하고자 하는가? 만일 여러분이 베드로라면 여러분의 교회가 사역을 실행하는 방식에 대해 무엇이라고 말할 것 같은가?

04 베드로는 고넬료가 복음에 대해 자유롭게 응답할 수 있도록 선택권을 보장해 주면서 말씀을 전했다. 우리가 전도 여행과 복음 전도를 할 때 어떻게 하면 조종과 강압을 피해 사람들로 하여금 진심으로 생명과 죽음 가운데 하나를 선택하게 할 수 있는가?

05 하나님이 아나니아와 삽비라에게 하신 일에 대해 어떤 기분이 드는가? 그들의 죄가 즉각적으로 극단적인 대응을 받은 이유가 정확히 무엇인가? 여러분이 생각하기에 돈과 교회 사이에서 지속되는 갈등의 뿌리는 무엇인가?

06 "여호와를 두려워함"이 여러분에게는 어떻게 들리는가? 여호와를 경외하고 존중한다는 것이 여러분의 삶 속에서 구체적으로 무엇을 의미하는가? 어떻게 하면 실제로 그렇게 할 수 있는가?

5장

사도행전의 주제

나는 고등학생 시절 졸업 앨범 사진 담당이었다. 내가 35밀리미터 카메라를 들고 어디든 갈 때마다 친구들은 킥킥댔다. 나는 온갖 사진을 찍었다. 스포츠 행사, 도서관에 있는 학생들, 연구실에 있는 선생님들, 화장실 벽에 기묘하게 출현한 낙서를 찍었다.

학교 사진사가 된 것에 대해 내 마음에 들던 사항 중 손꼽히는 것은 사진 찍을 때 다양한 각도를 선택할 수 있다는 것이다. 나는 인기 있는 커플이 계단에서 키스할 때는 클로즈업으로, 금요일 밤 축구 경기에서는 파노라마로 관중석을 찍었다. 관점에 따라 고등학교 생활을 잠시 특별하게 엿볼 수 있었다.

여러분이 성경에서 한 책을 연구하기로 결심했다면, 이와 비슷하게 관점을 선택하게 된다. 세부 사항을 클로즈업해서 볼 수도 있고, 큰 그림을 넓은 각도에서 볼 수도 있다. 한 절, 한 절 집중적으로 연구할 수도 있고, 한 걸음 물러서서 본문 전체의 양식을 살펴볼 수도 있다.

앞서 3장에서는 사도행전에 나오는 인물들을 클로즈업해서 살펴보았다. 바로 앞 장에서는 전체 상황의 주제를 어느 정도 이해하기 위해 사도행전을 파노라마 방식으로 살펴보았다. 이제 이런 폭넓고 전면적인 시각을 유지하면서 다른 주제도 검토할 것이다. 우리는 다양한 주제를 통해 28개의 장에 걸쳐 일어나는 많은 이야기와 사건들을 이해하는 데 이용할 더욱 견고한 틀을 얻을 것이다.

성경 예언의 성취

누가는 구약 성경을 사랑한 것이 틀림없다. 누가는 구약 성경을 자주 인용하고 암시한다. 예를 들어, 누가는 사도행전 1-4장에서 무려 10번이나 구약 성경을 직접 언급한다. 암시한 것도 9번이 더 있다. 누가는 구약의 예언이 예수 그리스도 안에서, 성령 강림으로, 교회 탄생으로 어떻게 성취되었는지를 보여 준다.

그러나 이런 인용 양식이 1-4장에만 국한되지 않는다. 사도행전에는 구약 성경에 대한 언급이 가득하다. 그리고 누가는 구약 성경의 예언을 인용할 때마다 예수 그리스도가 참으로 이스라엘

사도행전에서 언급한 구약 성경

사도행전	구약 성경
2:17-21	요엘 2:28-32
2:25-28	시편 16:8-11
2:34-35	시편 110:1
3:22-23	신명기 18:15, 19
4:11	시편 118:22
7:56	다니엘 7:13-14
8:32-33	이사야 53:7-8
13:33	시편 2:7
13:34	이사야 55:3
13:35	시편16:10
13:41	하박국 1:5
15:16-18	아모스 9:11-12
17:31	시편 9:8
26:23	이사야 42:6

의 메시아이시며, 세상의 진정한 주이시고, 교회가 하나님의 기나긴 구속 여정의 외적 역사(役事)임을 논증한다.

누가가 책을 두 권 쓸 만한 이유가 있다. 구약 성경의 예언이 예수 그리스도 안에서 성취되었음을 보여 주는 것은 물론이고, 예수 그리스도가 직접 하신 예언이 세상을 새롭게 하기 위해 교회에서 성취되었음도 보여 주는 것이 그 이유다. 누가복음 끝부분에서 예수님께서는 "그[메시아]의 이름으로 죄 사함을 받게 하는 회개가 예루살렘에서 시작하여 모든 족속에게 전파될 것"(눅 24:47)을 말씀하신다. 그 후 사도행전은 복음이 예루살렘에서 시작해서 결국은 1세기 세계의 가장 외곽까지 뻗어나가 전 세계에 전파된 사연을 들려준다. 사도행전의 각 단계에는 사도들의 선교 활동을 통해 복음이 점진적으로 퍼져 나간 과정이 기록되어 있다. 누가는 1세기 유대인들이 전 세계라고 알고 있던 지역을 그 세계 정치 중심인 로마까지 확장한다(행 28장). 이렇게 해서 누가는 예수께서 구약 성경의 예언을 어떻게 성취하시는지, 또한 교회가 예수께서 친히 하신 예언을 어떻게 성취하는지를 논증한다.

말씀과 행위 선포

그러나 사도행전은 초대 교회 선교 여행에 의한 복음 선포만 이야기하지 않는다. 사도행전은 그 자체로 복음 선포이기도 하다. 즉 성경 예언의 성취를 보여 주면서 수 세기를 지나 오늘날까지 이어지는 복음 선포다. 그러나 사도행전은 단순히 **말씀**에 대한 것이 아니다. 복음 선포에는 상징적이며 강력한 **행위**도 포함된다.

현대 독자들은 누가가 초대 교회 이야기에 그렇게 많은 기적을 넣은 이유를 의아해할지도 모른다(예를 들어, 행 3:6-7; 5:12; 8:13; 9:17-18, 32-35, 40). 현대를 살아가는 대다수 독자는 사도행전에 나오는 식으로 기적을 체험해 보지 못할 것이다. 심지어 기적을 의심스러워할 수도 있다.

그러나 사도행전에 따르면 기적은 사람들로 하여금 "아!" 하고 탄성을 지르게 하는 불꽃놀이가 아니다. 기적은 말로 선포한 복음을 눈에 보이게 입증하는 것이다. 기적을 통해 말씀이 진실임이 확인되고 확증된다. 이런 이유에서, 기적이 늘 일어나지 않고 구속 역사상 중요한 지점에 집중적으로 나타난 것이 이해가 된다. 그러나 사도행전에서 기적 행위는 말씀에 포함되어 그 말씀이 사실임을 확언해 준다. 누구든지 자신의 메시지가 하나님에게서 왔다고 주장할 수는 있다. 그러나 기적의 존재 혹은 부재가 그 주장을 입증한다. 이것은 요한복음 2장에서 볼 수 있는데, 제자들은 가나 혼인 잔치 기적을 통해 예수께서 자기가 누구라고 말씀하신, 바로 그분임을 믿게 되었다. 이것과 동일한 개념을 누가복음 5장 11-26절에 묘사된 지붕을 뚫고 내려온 중풍병자의 치유에서 잘 볼 수 있다.

누가는 말씀과 행위 선포 양식을 사도행전에서 계속 그려 나간다. 베드로가 성전 안뜰에서 구걸하던 사람을 고치고, 자신의 사도권과 예수 그리스도의 주 되심을 확증한다(행 3장). 사도행전 9장에서 고침받은 바울이 다메섹으로 가는 길에서 자기에게 예수 그리스도가 나타나셨음을 확증한다. 계속해서 애니아가 고침을 받고 이 일로 인해 믿음으로 복음을 받아들이는 문이 룻다와 예루살렘 북서쪽 사론 전역에 열린다(행 9:32-35). 행위가 더해진 말씀은 성령께서 교회를 새로운 땅으로 이끄실 때 복음이 충실히 선포되는 결과를 낳는다.

> 그러나 초대 교회에 대한 서술은 유대인의 유배가 끝났으며, 용서가 베풀어졌고, 세상이 다시 태어났다는 것을 보여 준다.

초대 교회 생활에 대한 서술(행 2:43-47; 4:32-37)조차도 초대 교회의 인물을 서술할 뿐만 아니라 교회가 새 창조의 공동체임을 입증한다. 교회는 예수 그리스도가 메시아이시고 주이심에 대한, 눈에 보이는 확증이다. 예수 그리스도는 교회가 선포한 대로 세상의 진정한 왕이시다(말씀). 그분의 백성인 교회가 그분의 왕권에 기쁘게 충성하는 백성에 대한 가시적 실증이기 때문이다(행위). 누구든 유대인의 유배가 끝났다고 말로는 선언할 수 있다. 그러나 초대 교회에 대한 서술은 그 유배가 끝났으며, 용서가 베풀어졌고, 세상이 다시 태어났다는 것을 **보여 준다**.

내가 보기에 오늘날 말씀과 행위 선포가 일어나는 방식 중에 손꼽히는 방식은 복음의 증인인 그리스도인들이 각자 삶에서 일어난 복음의 역사를 증언하는 경우다. 그리스도인들이 비판적이거나 변덕스러운 대신, 오래 참는 사랑과 친절한 환대를 보여 준다. 교회가 함께 살아가는 일상생활 속에서 그리스도를 닮은 모습을 보여 주지 않는다면, 그것을 주시하는 세상은 복음이 진짜라는 증거를 거의 목격하지 못할 것이다. 행위가 없으면, 우리에게 있는 것은 종교 모임이지 교회가 아니다.

공적 기독교, 공적 교회

오늘날 세계 많은 곳에서 신앙을 사적 문제라고 생각한다. 신앙은 개인적인 것이고, 그러기에 공적 영역에서 표현할 대상이 아니라고 여긴다. 나는 공립 대학 캠퍼스 목사로서 이것을 자주 경험한다. 학생과 교직원 대부분은 신앙에 기초를 둔 종교적인 활동은 학교 규정에 끼어들 자리가 없다고 생각한다. 대부분 사람들은 여러분이 캠퍼스에 도착하면 신앙은 보통 (특히나 기독교 신앙은) 주차장에 두고 가야 한다고 생각한다. 공공 기관에서는 어떤 종교적 표현도 허용하지 않기에 공공 기관은 "세속적"이라고 여겨진다.

이런 "세속주의"는 신앙을 한 사람이 지닌 정체성의 핵심 요소로 오해한 것으로, 이것은 특히 기독교에 대한 편견 어린 관점을 보여 주기도 한다. 그러나 기독교는 항상 공적 신앙이었다. 예수께서는 회당과 들판에서 드러내 놓고 말씀하셨지, 은밀하게 말씀하지 않으셨다(요 18:20). 사도행전에서 사도들은 가정과 시장에서 공개적으로 말한다. 바울은 아그립바 왕 앞에서 자신을 변호하면서 자기가 은밀하게 혹은 한쪽 구석에서 한 일은 아무것도 없다고 말한다(행 26:26). 기독교는 역사와 사회의 공적 무대에서 살아간다. 교회는 은밀히 모여 있는 비밀 종파가 아니다. 통치자들 앞에서 공개적으로 살아가며 똑같이 다스림을 받는다. 사도행전에서 그려 보이는 신앙과 교회는 다양한 세상이라는 공적 무대에 뿌리를 두고 있다.

기독교는 믿든지 삶으로 살아내든지, 홀로 있든 공동체로 있든지, 모든 것을 포함하기 때문에 공적이다. 기독교는 삶의 모든 부분에 관여한다. 신앙은 사적 의견이 아니라 공적 고백이다. 복음 선포는 이미 회심한 이들을 위한 것일 뿐만 아니라, 하나님에게서 멀리 떨어진 채 살아가는 이들을 위한 것이기도 하다. 그리스도인이 되는 것은 엄청나게 종교적이거나 영적인 선택이라기보다는 진정 세상을 다스리는 분이 누구인지에 대한 공적 발표다.

오순절 성령 강림은 민족 전체가 절기를 지키는 중에 일어났다(행 2:1, 5, 8-9). 베드로는 붐비는 거리 한 모퉁이를 향해 첫 설교를 했다(행 2:5-7, 14-36). 초대 교회의 첫 예배는 예루살렘 성전의 북적거리는 복도에서 있었다(행 2:46). 복음이 정치 권력의 본거지에서 전해졌다(행 26장). 사도행전에서 사도들이 시장이나 공연장, 공개 법정이나 분주한 항구 도시, 이방 종교의 강의실에 있지 않았던 장이 없는 것 같다. 초대 교회는 우리에게 그리스도인들은

"밀실 밖에서", 즉 공적으로 살아간다는 것을 보여 준다.

그러나 초대 교회는 공적이었기 때문에 고난도 받았다. 사도들은 자주 체포되어 재판에 넘겨졌다. 강도를 당하고 태형을 받으며, 심지어 사형당하기까지 했다. 바울이 방문한 거의 모든 도시가 복음에 주먹으로 응수했다. 복음을 전한 것에 대한 긍정적인 이야기가 나올 때마다, 박해에 대한 이야기도 나온다.

초대 교회가 고난을 겪게 된 요인이 몇 가지 있다. 유대 당국은 자기들이 이스라엘의 메시아를 알아보지 못했다는 (그리고 죽였다는) 주장에 위협을 느꼈다. 로마 정치 지도자들은 경쟁 상대가 되는 통치자가 있다는 주장에 위협을 느꼈다. 아테네 철학자들은 현실에 대한 자신들의 합리적인 이론에 의문을 제기하는 '부활'이라는 개념에 위협을 느꼈다(행 17:31-32). 에베소의 이방 신상 상인들은 자신들의 생계가 아데미(아르테미스) 숭배에 기반을 두고 있기 때문에 위협을 느꼈다(행 19장). 현상 유지가 위협을 받은 것이다. 초대 교회 그리스도인들이 그런 현상 유지에 문제를 제기했기 때문에, 그 현상을 유지하고자 투자한 사람들이 폭력으로 답했다.

초대 교회는 교회가 선포한 복음이 그 복음과 조우하는 세상의 민족적, 종교적, 경제적, 정치적, 상업적, 신앙 고백적 측면을 다뤘기 때문에 고난을 겪었다. 아마 사람들은 현재 상황을 건드리지 않는 사적이거나 주관적인 메시지라면 쉽게 받아들였을 것이다. 그러나 예언의 능력을 가진 복음은 타락한 세상에 의문을 제기했고, 그래서 박해가 뒤따라왔다. 예수 그리스도가 세상의 진정한 주이시라는 소식은 믿음으로 받아들여지거나, 저항에 부딪치거나 거부당했다. 복음은 1세기 청중과 오늘날의 우리에게 가능하면 거의 모든 영역에서 문화를 거스르며 살라고 명령한다. 기독교는 공적 신앙이다. 교회는 공적 모임이다. 복음은 세상에 대한 메시지다. 그러나 세상은 복음을 당연하게 받아들이고 싶어하지 않는다.

하나님 나라

초대 교회는 복음이 구약 성경과 예수 그리스도의 예언 성취에 뿌리를 두고 있다고 선포했다. 초대 교회는 예언의 말씀뿐만 아니라 성령께서 주시는 능력을 좇아 행위로도 복음을 선포했다. 초대 교회는 공적 메시지를 전하는 공적 운동이었다. 그 결과 공적으로 고난을 당했다.

이 모든 요소를 그러모아서 다른 방식으로 표현해 보면, 하나님 나라가 초대 교회를 움직였다고 말할 수 있다. 이것이 사도행전에서 일어나는 모든 일의 주제와 관련된 배경이다. 이런 맥락에 놓일 때만 사도행전 전체를 제대로 이해할 수 있다.

초대 교회는 예언의 말씀뿐만 아니라 성령께서 주시는 능력을 좇아 행위로도 복음을 선포했다.

누가복음에서 하나님 나라 혹은 하나님 통치는 중요한 주제다(눅 4:43; 8:1; 9:2, 11, 60; 10:9, 11; 11:20; 12:31-32; 17:21; 22:29-30 참조). 이와 동일한 초점이 사도행전에 이어진다. 그리고 예수께서 승천하시기 전에 제자들에게 이를 가르치셨다(행 1:3). 그것이 빌립이 사마리아에서 전한 말씀이다(행 8:4-12). 바울이 회당에서 전한 말씀이다(행 19:8). 심지어 바울은 로마 제국의 중심부에서 로마의 경쟁 상대가 되는 나라, 곧 **하나님 나라**를 전했다(행 28:23, 31).

우리의 상상력을 펼쳐 주는 사도행전에서 우리는 하나님 나라에 대해 무엇을 알게 되는가? 첫째, 하나님 나라는 출생을 통해서가 아니라 중생, 즉 회개를 통해 들어가는 나라다. 문자 그대로 인생의 방향을 하나님을 대적하며 타락한 세상에 순응하던 방향에서 다른 방향으로 돌이키는 것을 통해 들어가는 나라다(요한복음 3장과 비교해 보라). 그에 반해 고대에는 로마 시민권을 가지고 태어나지 않는 한 로마 시민이 되려면 상당한 돈을 내고 시민권을 사야 했다.

사도행전의 처음부터 끝까지 사도들은 하나님 나라는 자멸적 신앙과 태도와 습관의 노예가 된 상태에서 벗어나 사는 삶이라고 가르친다. 이런 이유로 예수 그리스도는 그분 자신을 믿는 믿음이 풍성한 생명으로 이어진다고 선포하실 수 있다(요 10:10). 반면 로마 제국은 다수가 노예로 힘겨운 노동과 가난을 견디며 비참하게 사는 동안 특별한 소수만 호화로운 안락과 방탕을 누리며 살게 했다.

하나님 나라는 기쁨이 넘치는 자비와 은혜로 통치한다. 로마 제국은 지나친 처벌을 고수하는 융통성 없는 엄격한 법으로 통치했다. 사실상 로마인들은 진범이든 혐의만 있든 "범법자"들을 너무 많이 십자가형에 처해서, 사형 집행인들이 사형 집행 요구를 다 따라잡지 못할 정도였다.[7]

하나님 나라는 사랑과 애찬, 친절한 말, 이웃을 긍휼히 여김, 관대함을 통해 발전한다. 반면 로마 제국은 최신식 기술로 만든 무기, 가장 잔인하게 계산된 전략, 인적 자원이든 다른 자원이든 세심한 자원 운용을 완비한 군대를 통해 발전한다.

이 모든 면에서, 사도행전에 드러난 하나님 나라는 온 세상의 진정한 목표다. 하나님 나라는 구속받고 해방되어 새 생명력을 얻은 세상의 그림이다. 사도행전은 하나님 나라를 하나님에게서 멀어진 세상의 타락한 권세와 대조한다. 하나님 나라가 온 세상

---

7 고대 유대-로마 역사가인 요세푸스는 로마인들이 주후 66-70년 유대-로마 전쟁에서 유대인들을 굴복시키고 심리적으로 조종하기 위해 수백 명을 십자가형에 처했다고 기록한다(*Jewish War* 5.11.1, section 449-451).

의 희망이다.

여러분이 살고 있는 세상에서 사람들은 무엇을 희망이라고 생각하는가? 정당인가? 아니면 경제적 성공 혹은 명성이나 안락함인가? 그것도 아니면 건강인가? 다음 장에서 사도행전을 오늘날 어떻게 읽고 적용할지 고찰할 때 지금 여러분이 한 응답을 기억해 두기를 바란다.

| 읽어 볼 글들 |

- 아모스 9:11-15
- 사도행전 9:1-19
- 하박국 1:1-11

| 생각해 볼 질문 |

01 예언을 흔히 미래를 예언하는 것이라고 생각한다. 예수 그리스도 안에서 구약 예언이 성취된 것과 관련해 사도행전은 오늘날 교회 생활에서 예언의 역할을 어떻게 이해하라고 안내해 주는가?

02 말씀이 진실임을 행위가 증명하기 때문에 말씀과 행위는 서로 연결되어 있다. 말씀과 행위는 개인과 교회 공동체가 믿음을 실현하는 방편이 된다. 그렇다면 우리가 말씀과 행위를 별개의 측면으로 생각하지 않고, 한데 묶어 생각하는 것이 중요한 이유로는 또 무엇이 있겠는가?

03 사도행전은 교회가 겪은 박해를 잘 보여 준다. 오늘날 우리가 박해를 겪는 이유 혹은 박해를 겪지 않는 이유는 무엇인가? 박해가 있으면 저절로 신앙이 있다는 뜻이 되는가? 이 질문에 그렇다고 답하는 이유는 무엇이며, 아니라고 답하는 이유는 무엇인가?

04 여러분이 민주주의 국가에 살고 있다면, 마음속에 하나님 나라를 그리기가 쉽지 않을 것이다. 하나님 나라의 시민이 된다는 것은 무슨 의미인가? 하나님 나라의 시민이 되는 것과 민주주의 국가의 시민이 되는 것은 어떻게 다른가?

05 교회가 일종의 기관으로 성장함에 따라 내부에 중점을 두는 경향을 띠었다. 우리는 어떻게 하면 교회의 외적이고 공적인 사역을 소홀히 하지 않으면서, 교회의 내적이고 제도화된 삶을 균형 있게 돌보고 육성할 수 있는가?

6장

오늘날 사도행전 읽기와 적용하기

어느 지점에서인가 우리는 예수 그리스도가 주이시라는 소식에 필연적으로 "자, 나는 그 소식과 관련해 무엇을 할 것인가?"라는 질문과 마주하게 된다. 성경 전체, 특히 사도행전에 대해서도 마찬가지다. 성경 본문을 고대에 그대로 놓아두는 것으로는 충분하지 않다. 우리는 그 본문을 역사적으로, 문화적으로 상당히 먼 거리 너머로 가져와 오늘날의 신앙생활에 적용하는 힘겨운 수고를 해야 한다. 사도행전을 현재 상황과 연결하는 과정에서 기억해야 하는 중요한 요인 중 하나는, 교회 1세대는 기독교 **이전**(Pre-Christian) 시대에 살았지만, 우리는 기독교 **이후**(Post-Christian) 시대에 살고 있다는 것이다.

선교 여행이 이어지다

사도행전의 시작을 빈틈없이 살펴보았으니, 이제는 사도행전의 결말로 넘어가 보자. 사도행전의 끝인 28장에서 여러분은 마치 답을 기다리며 "다음에는 무슨 일이 일어나지?" 하고 궁금할 수도 있다. 28장은 결말같이 **느껴지지** 않는다. 사도행전은 바울이 로마에서 가택 연금 상태에 있지만 가이사의 면전에서 자유롭게 복음의 말씀을 계속 전하는 것으로 끝나기 때문이다. 시원하지 않은 열린 결말이다.

누가는 수사적인 전략의 한 부분으로서 이렇게 했을 것이다. 또한 자기가 사도행전을 서술하는 데 사용한 세심한 방법에 맞추기 위해 그랬을 것이다. 누가는 사도행전을 이런 식으로 끝맺으면서, 우리에게 선교 여행이 결코 끝나지 않았음을 상기시킨다. 처음 그리스도인들은 땅끝까지 복음을 담대하게 들고 갔다. 누가는 초대 교회의 선교 여행이 깔끔하게 완성된 것으로 기록하지 않는다. 교회의 선교 여행은 계속 이어질 것이기 때문이다.

그러므로 우리는 기독교 신자의 정체성을 나타내는 선교사의 삶을 시작하라는 영감을 받으며 사도행전 읽기를 마쳐야 한다. 그러나 기독교 선교 역사가 2천 년이 지났기에, 아직 복음을 듣지 못한 지역은 점점 줄어들고 있다. 현대 그리스도인은 이동성이 높은 사회에 살고 있다. 모든 그리스도인들이 선교사와 같은 태도를 지녀야 하지만, 그렇다고 해서 세계를 반 바퀴 도는 결과로 이어지지는 않을 것이다.

세계 선교가 지역 선교가 되고 있다.

선교사와 같은 태도를 지닌다는 것은 복음을 각자 자기가 사는 도시와 마을에서 선포하는 것일 수도 있다. 세계 선교가 지역 선교가 되고 있다.

사도행전의 메시지에 힘을 얻어 복음을 자신이 처한 정황에서 나눌 수밖에 없는 현대 그리스도인은, 풍성한 삶은 예수 그리스도 안에서 찾을 수 있다는 기쁜 소식을 말로 표현하고 논증하는 방법을 교회와 그 외 기독교 기관에서 배우고 훈련받아야 할 것이다. 예를 들어, 북미와 서유럽의 그리스도인들은 여러 세대에 걸쳐 기독교가 사회의 기본 믿음과 윤리를 제공해 주는 대로 살아왔고, 고국을 떠나 머나먼 지역에 간 선교사들을 재정적으로 후원해 주었다. 문화적 기독교, 즉 시민의 종교를 까다롭게 따지거나 미심쩍어하지 않고 받아들였다.

이제 그리스도인과 교회, 기독교 기관은 우리가 살아가는 환경이 급격히 변했음을 깨달아야 한다. 우리 집 현관에서 한 발만 밖으로 나가면 선교지다. 이제 우리는 모두 이중 소명이 있는 선교에 부르심을 받았다. 우리는 모두 사도행전에서 시작되어 이어지고 있는 선교 여행에서 맡은 역할이 있다. 당신은 준비되었는가?

그렇지 않다면 준비하기 위해 무엇을 해야 하는가?

교회 권력 유혹

오늘날 우리는 복음 전파 준비의 일환으로서 세계 역학을 알아야 한다. 초대 그리스도인들은 그 시대의 종교와 정치 지형을 알고 있었다. 방향을 잡고 그 지형 안에서 예수 그리스도의 메시지를 전할 수 있었다. 우리도 마찬가지로 해야 한다. 우리는 우리 자신을 둘러싼 세상과 그 힘의 전제를 알아야 한다.

우리는 21세기 그리스도인이기에 주변 세계의 다양한 측면을 못 본 체하라는 유혹을 받는다. 다시 말해, 우리를 둘러싼 세상을 비판적으로 분별하지 말고 제쳐 놓으라는 유혹을 받는다. 예를 들어, 우리는 지금 세계에 침투해 있는 권력 형태와 네트워크가 어느 정도인지 관심을 기울이지 않을지 모른다. 초국가적 · 세계적 자본주의, 군사 산업 단지, 국가나 민족 이데올로기, 상업 광고, 사회 복지 수급권, 기술적인 감시와 같이 영향력이 큰 존재는 대중 매체의 주목을 훨씬 많이 받는다. 그렇지만 사회적 기대, 하위문화의 관습, 가정 규례, 대인 관계에서의 비언어적 신호, 또래 집단 압력과 같이 규모가 작고 제도화가 덜 된 세력도 강력하다. 인간이 된다는 것은 권력과 권위라는 거미줄에 걸리는 것이다. 이런 형태의 권력은 너무 미묘하고 일반적으로 용인되기 쉬워 눈에 잘 보이지 않는다. 그래서 우리는 삶에 이런 것들이 있다는 것조차 잘 알아차리지 못한다. 하지만 우리가 그런 것들이 어디에 있는지, 또 그것을 어떻게 봐야 하는지를 안다면 그것들은 그곳에 존재한다.

1세기 그리스도인들 역시 권력과 권위의 힘의 네트워크를 헤쳐 나가야 했다. 사도행전에서는 돈, 국가, 종교, 민족성, 법, 인간 전통, 철학, 마술, 사업, 미술, 운송, 교육, 군사, 의학, 상업과 기타 많은 것들이 눈에 띈다. 초대 교회는 그 길에서 한 발 내딛을 때마다, 권력의 영향력이 존재한다는 것과 그 영향력의 성격을 분별해야 했다. 바울이 골로새서 1장 15-20절에서 만물 위에 계시며 만물을 새롭게 하시는 분이라고 말한 주 예수께 충성하는 방식으로 그 권력과 교류할 방법을 결정해야 했다. 우리는 사도행전에서 이 모든 세력이 한두 번쯤은 선을 크게 행할 수도 있지만, 인간의 비참함 때문에 왜곡될 수도 있다는 것을 볼 수 있다. 신실한 그리스도인이라면 이 세력 사이에 나 있는 길을 분별해야 한다. 그래서 인간의 건전한 삶에 이바지하는 힘은 이용하고, 우위를 차지할 수 있는 왜곡된 힘은 무력화해야 한다.

바울이 로마 시민이었다는 사실을 예로 들어 보자. 1세기 로마에서, 특히 유대인에게 로마 시민권은 권력과 특권의 중요한 형태였다. 로마 시민권은 터무니없이 비쌌으며, 일반인들을 훨씬 능가하는 특별한 권리가 로마 시민권에 부여되었다. 그러나 바울은 사도행전 전체에서 공개 태형을 피하기 위해 시민으로서의 특권에 딱 한 번 의지했다. 그리고 황제에게 직접 호소하는 수단으로 사용하기도 했다(행 21:37-25:12). 그 외에는 복음 때문에 겪는 고통과 모욕을 감수한다(행 14:22 참조. 이 부분에서 초대 교회는 "우리가 하나님의 나라에 들어가려면 많은 환난을 겪어야 할 것이라"는 믿음을 피력한다). 로마 시민으로서 고통과 모욕에서 몇 번이든 빠져나올 수 있었는데도 말이다.

반면 사도행전에 나오는 많은 이야기는 세상 권력이 얼마나 파괴적인 유혹인지 보여 준다. 유다는 돈 때문에 예수 그리스도를 배반했고, 유대 지도자들은 예수 그리스도를 죽이기 위해 로마 당국과 결탁했다. 아나니아와 삽비라는 헌금과 관련해 교회를 속였고, 마술사 시몬은 자신의 명성을 위해 성령의 권능을 돈으로 사려 했다. 사도행전은 세상 권력이 드러나는 방식이 교회와 그리스도인에게 파괴적인 유혹임을 분명하게 말해 준다. 그 대신에 복음 선포를 많은 사람들이 어리석고 약한 것으로 여기게 되리라는 것을 알면서도 담대히 복음을 선포하는 것이 교회가 유일하게 보여 줄 수 있는 권력 형태다.

그러므로 그리스도인과 교회는 우리 문화에서 아주 귀하게 여기지만 실상 인간의 번영에는 해로운 권력 형태에 대해 비판하고 분별해야 한다. 또한 그런 권력 형태에 대해 아마도 건전하게 무관심하기까지 한 태도를 취하면서 사도행전이 말해 주는 궤적을 따르는 것이 나을 것이다.

> 예수 그리스도의 주 되심은 우리에게 가장 깊은 충성심을 요구한다. 그분이다.

보통 그런 권력 형태는 기술적으로 효과와 효율을 보장해 주는데, 바로 그것이 그리스도인들이 속기 쉬운 권력의 형태이다. 예를 들어, 어느 교회 평신도 지도자가 대중매체에서 흔히 "부수적 피해"[8]라고 일컫는 것에 대해 책임이 있는 군사 장비 제조 기업에 채용되었다면, 그 사람은 자신이 누구에게 충성하고 있는지 심각하게 고려해야 한다. 성장기 자녀를 위해 몸에 좋은 음식을 차려 주려고 애쓰는 사람에게 복권을 팔려는 편의점 직원에게도 이와 동일한 자기 성찰을 요구할 수 있다.

사도행전은 우리에게 그리스도인이 된다는 것, 즉 교회 회원이 된다는 것은 우리 삶 전체에 대한 권리를 주장하는 중요한 문제임을 일깨워 준다. 우리 주위를 둘러싼 권력 대다수는 세상적인 의미에서 보면 상당한 유익을 주지만, 그와 동시에 우리가 하나님의 형상으로서 살아가야 하는 방식을 왜곡한다. 우리는 주위를 온통 둘러싸고 있는 이 권력 역학의 네트워크를 보고도 못 본 척할 수는 없다. 그리고 우리는 이 모든 것이 드러나기를 바란다.

---

8 역주 - 군사 행동으로 인한 민간인의 인적·물적 피해를 말한다.

예수 그리스도의 주 되심은 우리에게 가장 깊은 충성심을 요구한다. 그뿐이다.

사적 신앙 대(對) 공적 신앙

사도행전은 권력에 대한 우리의 이해에 도전을 주는 것만큼이나 교회에 대한 우리의 이해에도 도전을 준다. 도서관이 대출해 줄 책으로 빼곡히 찬 건물인 것처럼, 어떤 이들에게 '교회'는 꼭대기에 십자가가 달린 건물에 불과하다. 다른 이들에게 '교회'는 거룩한 허들(huddle)[9], 즉 세상 죄악에서 안전하게 벗어나고자 하는 비슷한 생각을 가지고 모인 자들의 모임이다. 또 다른 이들에게 '교회'는 여러 선택권 중 하나로, 자기 기분에 따라 자유롭게 가입하거나 탈퇴할 수 있지만, 개인의 삶에는 아무것도 요구할 자격이 없는 일종의 모임이다.

오늘날 '교회'는 점점 더 많은 사람의 삶에 아무 영향력을 미치지 못하고 있다. 교회가 눈에 보이지 않는다. 어떤 목사님이 내게 자기 교회 바로 길 건너편에 있는 아파트에 살던 어느 지방 여대생의 이야기를 해 준 적이 있다. 그 학생은 그곳에서 거의 4년 동안 살았다. 어느 일요일 아침, 그 학생은 교회 종이 울리는 소리

9 역주 - 미식 축구에서 허들(huddle)은 공격 시작 전에 동그랗게 모여 하는 작전 회의를 말한다.

를 듣고 잠에서 깨어 창밖을 내다보고 소리쳤다. "어머, 길 건너에 **교회가** 있네!" 그 학생은 길 건너에 있는 건물이 교회였다는 것을 한 번도 알아차리지 못했던 것이다. 교회는 그 학생의 삶에서 별 볼 일 없는 존재였다.

누가는 시종일관 헬라어 **'에클레시아'**(εκκλεσια)를 사용하여 사도행전에 나오는, 모이고 파송된 기독교 공동체를 설명한다. 이 단어를 직역하면 "부르심을 받은 자들"을 뜻한다. 고대 그리스, 특히 아테네에서 **에클레시아**는 공적 시민 모임이었다. 이들은 시민의 의무를 수행하기 위해 평상시의 삶에서 "부름을 받았다."

여기에서 중요한 질문이 생긴다. 왜 누가를 포함하여 신약 저자들은 그토록 **정치적인** 단어인 **에클레시아**를 예수 그리스도를 따르는 자들에게 사용했는가? 우리는 보통 교회를 하나님 나라 시민의 모임으로 생각하지 않지만, 그것이 그 단어의 본래 의미다. 교회는 새 창조의 시민들이다.

이 용법의 뿌리는 구약 성경에 나타난 하나님 앞에 모인 이스라엘 백성에게서 찾을 수 있다. 하나님은 언약궤와 성막과 성전 가운데 임재하셨다. 이것은 교회가 성령의 능력으로 예수 그리스도 안에 계시된 하나님의 임재 앞에 있는 그리스도인의 모임이라는 뜻이다. 그리고 주 예수 그리스도는 교회를 복음과 함께 세상에 보내신다. 그래서 교회가 세상에서 유일무이하게 된다. 이것이 새로운 창조의 첫 열매다.

그러나 이런 정체성 때문에 교회의 공적 성격이 사라지지는 않는다. 여전히 교회는 세상 가운데서 모인다. 바울이 사도행전에서 말한 것처럼, 아무것도 교회가 특별한 사명을 감당하는 데 사람들의 눈을 피해 "한쪽 구석에서" 하도록 제한하지 않는다(행 26:26).

오늘날 사도행전을 읽는다는 것은, 사도행전에 묘사된 것처럼 교회는 항상 가시적 존재라는 실재를 받아들여야 한다는 뜻이다. 교회는 사적 모임이 아니라 공적 모임이다. 교회는 공개된 무대, 곧 세상 사람들의 눈앞에서 삶을 살아간다. 그렇다. 교회는 독특한 정체성을 지니고 삶을 살아간다. 그러나 그 정체성으로 인해 교회가 죄 및 하나님을 거스르는 반역과 구분되는 것이지, 하나님의 창조와 구분되는 것은 아니다.

사도행전에 언급된 교회의 선교적 성격은 이것이 사실임을 한층 더 분명하게 입증한다. 교회는 세상의 참된 주에 대한 메시지를 들고 세상 속으로 보냄을 받는다. 이 메시지는 실재에 대한 공적 주장이지, 종교적 의견이라는 사적 문제가 아니다. 교회는 비밀리에 존재하지 않는다. 교회는 비밀스러운 신앙을 고백하지 않는다. 교회는 믿음으로 말미암아 하나님 나라 백성으로 새롭게 태어난 사람들의 가시적 모임이다.

함께 세상으로

사도행전에서 교회는 공적이다. 교회는 타락한 세상에 대해 분별하는 태도를 취한다. 교회는 늘 선교 중이다. 그러므로 사도행전에서 교회는 세상을 위해 함께 있다. 교회는 세상을 위해 함께 살아가는 하나님의 역동적 백성이다. 여기에 사도행전의 줄거리와 주제, 전반적인 목적이 담겨 있다. 이것은 "굉장한 생각"이다.

사도행전은 초대 교회 이야기를 들려준다. 예수 그리스도의 승천과 성령 강림, 사도들이 예루살렘과 유대와 사마리아와 고대 전역에서 복음의 증인이 된 일, 복음이 로마 중심부에 이를 때까지 마을마다 교회가 세워진 일이 그것이다. 이것이 교회의 지리적 확장이다.

사도행전에는 유대교에서 나온 기독교의 출현, 교회와 예루살렘 성전의 분리도 나온다. 이방인, 즉 아프리카인과 아시아인과 유럽인, 노예와 자유인, 남자와 여자, 부자와 가난한 자가 모두 환영받는다. 복음이 건너가지 못하는 사회 경제적, 민족적 경계는 존재하지 않는다. 이것이 교회의 문화적 확장이다.

그리고 초대 교회는 지리적, 문화적으로 확장하면서 저항과 거부, 박해를 만난다. 초대 교회의 역사는 고통 없는 역사가 아니다. 교회는 끊임없이 신체적, 감정적, 경제적, 사회적,

> 교회는 세상을 위해 함께 살아가는 하나님의 역동적 백성이다.

정치적으로 고통을 받는다. 그렇다고 해서 복음이 결코 무효가 되지는 않는다. 세상에 복음을 전하는 교회가 당하는 고통을 통해 실제로는 하나님 나라, 복음의 사실성, 살아 계시고 그의 영으로 역사하시는 예수 그리스도의 실재가 주목을 받는다. 이해하기 힘들지만, 여기에 "교회"라는 하나님 나라의 확장이 정확히 담겨 있다. 그것은 믿음을 별개로 이해하는 타락한 세상으로서는 특이하고도 곤혹스러운 확장이다. 그것은 약함과 어리석음, 분투와 희생을 통해 성취되는 확장이기 때문이다. 교회의 확장은 하나님이 하시는 일이지, 죄 많은 인간이 하는 일이 아니기 때문이다.

수천 년 전에 하나님이 아브라함을 부르신 것을 생각해 보라. 하나님은 아브라함에게 복을 주겠다고 약속하셨다. 이는 땅의 모든 민족이 아브라함을 통해 복을 받게 하기 위함이었다(창 12:1-3). 하나님이 아브라함에게 주신 약속은 아브라함의 삶이 쉽거나 고통이 없거나, 안락하거나, "성공적"이었음을 뜻하지 않는다. 사실 그와는 정반대다. 아브라함은 깊은 의심과 심한 분투, 고통스러운 의존으로 얼룩진 삶을 살았다. 그러나 아브라함은 하나님의 약속을 신실하게 따라갔다.

아브라함은 하나님을 의뢰하며 그분의 신실하심을 믿었지만, 알지 못하는 미래로 걸어가면서 안개 속으로 들어가는 것과 같은 경험을 했다. 그러나 하나님은 아브라함이 그분을 의지하는 것을 통해 이스라엘 민족의 수립과 메시아의 오심에 있어 세상을 향한 그분의 목적을 이루신다. 누가는 자신이 쓴 복음서와 사도행전에서 하나님이 이스라엘의 (그래서 인간의) 역사를 예수 그리스도 안에서 어떻게 성취하셨는지를 보여 준다. 예수께서는 그의 영을 백성에게 주심으로 그들을 역동적인 교회로 세우셨다. 예수 그리스도께서는 그들이 구원의 메시지와 최고의 복을 들고 세상 속으로 가게 하셨다.

사도행전은 교회가 세상을 위해 **함께** 존재하는 이야기를 들려준다. 사도행전은 죄 많은 인간의 무리 중에서 하나님의 부르심을 받고, 세상의 진짜 왕이신 예수 그리스도를 향해 믿음으로 나온 사람들의 놀라운 이야기다. 부름받은 교회는 다시 선교사와 대사로, 말과 행동으로 하나님 나라의 실재를 선포하도록 세상으로 다시 돌려보내진다.

사도행전은 세상 **속으로 보냄받은** 교회 이야기이기도 하다. 교회는 죄 많은 세상에 맞서 거룩한 허들이나 동그랗게 모인 짐마차[10], 방어 요새가 되라고 부름받지 않는다. 오히려 교회는 교회의 경계를 넘어 세상을 향해 나아가는 활발하고 적극적인 운동의 선봉이다. 교회는 함께 모이고 부름받은 하늘 시민으로서 예수 그리스도를 향한 충성과 신의 안에서 살아가는 이들이다. 교회

10 역주 – 서부 시대에 인디언의 공격을 방어하기 위해 사용하던 마차 정렬 방법.

는 세상의 모든 상황을 향해 사랑과 기쁨과 소망의 메시지를 들고 가야 한다. 세상은 창조주이시고 구원자이시며 보존자이신 하나님을 거스르고 반역하지만, 교회는 그 세상에 회개와 예수 그리스도를 향한 회심을 통해 새 생명을 누릴 수 있다는 소식을 전한다. 하나님이 세상, 곧 창조된 현실 전체를 사랑하신 것처럼(요 3:16), 교회도 세상을 새롭게 태어나게 하신, 하나님의 놀라운 은혜로 인한 진통을 겪어 낼 정도로 말과 행동을 통해 세상을 사랑하라고 부르심을 받았다.

하나님의 역동적 백성으로서 세상을 향해, 세상을 위해 나아가는 교회 이야기, 이것이 사도행전의 이야기다. 1세기처럼 오늘날에도 우리는 사도행전을 읽으면서 예수 그리스도의 능력 안에서 그분을 따라 세상 속으로 들어가라는 권유를 받는다. 그 세상은 아주 먼 곳일 수도 있고, 바로 옆집일 수도 있다. 그러나 우리는 복음을 받아들이고 하나님 나라 확장에 집중하라고 부르심을 받는다.

우리는 증인이다. 우리는 혼자가 아니다. 왕이신 예수 그리스도의 충성스러운 시민과 함께, 그리고 성령의 임재와 더불어 증인의 일을 한다. 그리고 그 여정에서 우리는 결코 우리를 고아와 같이 버려두지 않으시겠다는 약속을 받는다. 그 왕의 이름이 우리와 함께하시는, 또 우리를 통해 세상과 함께하시는 임마누엘의 하나님이기 때문이다.

읽어 볼 글들

- 창세기 1:26-31
- 요한계시록 7:9-17
- 이사야 58:1-14

생각해 볼 질문

01 여러분은 오늘날 그리스도인은 모두 이웃과 직장과 사회를 가득 채우고 있는 다양한 사람에게 말과 행동으로 복음을 전하도록 부름받은 선교사라는 주장에 대해 어떻게 생각하는가?

02 여러분이 선교사로서의 삶과 직업이라는 이중 소명을 감당할 수 있도록 교회가 여러분을 준비시키고 지원해 주며 격려해 주어야 하는 것은 무엇인가?

03 여러분과 여러분의 교회에는 어떤 형태의 문화적 힘이 있는가? 여러분의 가정과 일터, 그리고 교회 건물을 둘러싸고 있는 지역 사회의 번영을 위해 그런 은사를 어떻게 발전시킬 수 있는가?

04 오늘날의 교회를 생각할 때 교회가 공적 존재처럼 보이는가, 아니면 사적 존재처럼 보이는가? 교회가 공적 무대에서 물러난다면 무슨 일이 일어나는가? 여러분의 교회를 사도행전에 나오는 교회 모델에 더욱 가깝게 조정하려면 어떻게 변화해야 하는가?

참고 서적

✣ 사도행전을 다룬 전문 서적

Barrett, C. K. *The Acts of the Apostles: A Critical and Exegetical Commentary*. Vol. 1. London: T&T Clark, 1994.

——. *The Acts of the Apostles: A Critical and Exegetical Commentary.* Vol. 2. London: T&T Clark, 1998.

——. *Acts: A Shorter Commentary.* London: T&T Clark, 2002.

Bruce, F. F. *The Book of the Acts.* The New International Commentary on the New Testament. Rev. ed. Grand Rapids: Eerdmans, 1988. 『NICNT 사도행전』(부흥과개혁사, 2017)

Fitzmyer, Joseph A. *The Acts of the Apostles: A New Translation with Introduction and Commentary.* New York: Doubleday, 1998.

Gonzalez, Justo L. *Acts: The Gospel of the Spirit.* New York: Orbis Books, Maryknoll, 2001.

Pervo, Richard I. *Acts: A Commentary.* Minneapolis: Fortress Press, 2009.

Talbert, Charles H. *Reading Acts: A Literary and Theological Commentary on the Acts of the Apostles.* Reading the New Testament. New York: Crossroad, 1997.

Walaskay, Paul W. *Acts.* Louisville: Westminster John Knox Press, 1998.

Witherington, III, Ben. *The Acts of the Apostles: A Socio-Rhetorical Commentary.* Grand Rapids: Eerdmans, 1998.

✣ 사도행전 교육과 설교를 도와주는 목회적 주석

Fernando, Ajith. *Acts*. NIV Application Commentary. Grand Rapids: Zondervan, 1998.

Keener, Craig S. *Acts: An Exegetical Commentary*. 3 vols. Grand Rapids: Baker Academic, 2014.

Pelikan, Jaroslav. *Acts: Brazos Theological Commentary on the Bible*. Grand Rapids: Brazos Press, 2013.

Stott, John. *The Message of Acts: The Bible Speaks Today*. Downers Grove: InterVarsity Press, 1994.

Willimon, William H. *Interpretation: Acts*. Atlanta: John Knox Press, 1988.

World Council of Churches Publications. *Spirit, Gospel, Cultures: Bible Studies on the Acts of the Apostles*. Geneva: World Council of Churches, 1995.

Wright, N. T. *Acts for Everyone: Part 1 and 2*. Louisville: Westminster John Knox Press, 2008. 『모든 사람을 위한 사도행전 1, 2』(IVP, 2012).

✣ 사도행전과 신약 연구 배경 자료

Carson, D. A., and Douglas J. Moo. *An Introduction to the New Testament*. 2nd ed. Grand Rapids: Zondervan, 2005. 『신약 개론』(은성, 2006).

Carson, D. A., Douglas J. Moo, and Leon Morris. *An Introduction to the New Testament*. Grand Rapids: Zondervan, 1992. 『신약 개론』(은성, 1994).

Evans, Craig A. *Ancient Texts for New Testament Studies: A Guide to the Background Literature*. Peabody, MA: Hendrickson, 2005.

Klein, William W., Craig L. Blomberg, and Robert L. Hubbard, Jr. *Introduction to Biblical Interpretation*. Nashville: Thomas Nelson, 2004.

Longman III, Tremper, and Raymond B. Dillard. *Introduction to the Old Testament*. 2nd ed. Grand Rapids: Zondervan, 2006. 『최신 구약 개론』(크리스찬다이제스트, 2009).